Simon Auer

Winterwanderungen
in den Bayerischen Alpen

Die 44 schönsten Touren von
Berchtesgaden bis Füssen

Bassermann

INHALT

Blick von Ramsau auf den winterlichen Watzmann

Winterwanderstimmung bei Reit im Winkl

 **TEGERNSEER UND SCHLIERSEER BERGE**

INHALT

 ISARWINKEL

Die tief verschneite Aueralm mit dem Fockenstein im Hintergrund

Die Durchwanderung der Breitachklamm – ein bizarres Erlebnis

Das Bauerndorf Sachrang im Priental: Ausgangspunkt für zwei großartige Wanderungen

VORWORT

In der so genannten stillen Zeit, ist es heutzutage nicht mehr ganz so ruhig. Doch es ist eine besondere Zeit. Verschneite Wälder und Gipfel, klirrende Kälte oder auch die ersten wärmenden Sonnenstrahlen im Spätwinter – die Natur zeigt sich in einem ganz anderen Gesicht. Und wir lieben das! Besonders, wenn am Ziel unserer Wanderung, nachdem wir durch eine nahezu unberührte Winterlandschaft gestapft sind, eine gemütliche Hütte oder Einkehralm wartet, ein Kachelofen uns äußerlich und ein heißer Jagertee oder ein Glühwein unser Inneres wärmt. Und falls der Schnee ausbleibt? Nun, der Winter bleibt trotzdem eine schöne Zeit.

Wohin im Winter? Diese Frage stellt sich so mancher in den kurzen, vielleicht auch schneereichen Tagen des Jahres. Das Angebot ist vielfältig. In der Regel werden Ausflüge im Winter mit Skifahren assoziiert. Doch der Winter bietet mehr: Wandern und Rodeln, Natureisbahnen, Pferdeschlittenfahren, Wildfütterungen, Schlittenhunderennen, Eisstockschießen und natürlich zahlreiche Winterevents wie Skispringen und Eisschnelllauf. Endlich nehmen wir die Gelegenheit war, einmal bei Flutlicht zu rodeln, fahren zum Skispringen nach Garmisch-Partenkirchen oder Oberstdorf. Auch ein Eishockeyspiel oder einen Eisschnelllauf-Wettbewerb in Inzell sollten wir in Erwägung ziehen. Oder wir prüfen als Gast auf der Kunsteis- und Bob-Rodelbahn am Königssee die eigene Belastbarkeit. Dieser Band stellt Winterwanderungen in den Bayerischen Alpen zwischen Berchtesgaden und dem Allgäu vor. Das Hauptaugenmerk liegt dabei auf gemütlichen Winterwanderungen und stressfreien Rodelstrecken. Auch ein paar Anregungen für erste Versuche mit Schneeschuhen werden gegeben. An Vollständigkeit ist nicht gedacht, denn das Angebot ist überwältigend groß. Und was viele nicht wissen – auch im Winter sind viele Berghütten und Almen geöffnet; manche bieten sogar in der kalten Jahreszeit Übernachtungen in gemütlichen Zimmer an.

Dieser Band beschreibt auch, wie Sie an Ihr Ziel kommen, mit dem Auto oder mit Bahn und Bus, denn nicht jeder schätzt mitunter rutschige oder vereiste Straße. Es wurde Wert darauf gelegt, dass viele dieser Wandervorschläge mit öffentlichen Verkehrsmitteln erreicht werden können. Denn gerade nach Neuschnee ist die Begeisterung für den Winter besonders groß, die Bereitschaft jedoch, sich bei diesen Schneeverhältnissen ins Auto zu setzen, eher gering.

Und natürlich geben wir Tipps, was Sie bei Winterwanderungen oder Rodelausflügen beachten sollten, welche Ausrüstung sinnvoll ist – und nicht zuletzt, wo sie gemütlich einkehren können.

Schöne Wintererlebnisse wünscht Ihnen

Ihr
Simon Auer

Der geräumte Winterweg hinauf zum Weiler Gerstruben

fügt sind; sie enthalten die notwendigen Angaben zur Anfahrt, damit Sie den Ausgangspunkt Ihrer ausgewählten Tour sicher finden, die Gehzeiten, die Anforderungen, die Öffnungszeiten der angesteuerten Hütte oder Alm sowie eine Kartenempfehlung und die Adresse des nächst gelegenen Tourismusbüros (inklusive Webseite).

Tourenplanung

Vor Aufbruch zur Tour sollten Sie sich über die allgemeine Wetterlage kundig machen. Über das Internet bzw. die Tourismusämter lassen sich am schnellsten die nötigen Informationen besorgen. Vergewissern Sie sich auch, ob die Hütten und Almen, die an der Wanderroute liegen bzw. Ziel der Wanderung sind, am geplanten Wandertag geöffnet haben, damit Sie nicht frustriert vor verschlossenen Türen stehen.

Nahezu alle in diesem Band vorgestellten Wanderungen führen durch lawinenarme Gebiete. Besonders nach starken Neuschneefällen oder starken Temperaturanstiegen sollten Sie jedoch besonders achtsam sein. Dies trifft vor allem auf steiles Gelände zu, das keinen schützenden Wald aufweist. Dazu vorher immer den Lawinenwarndienst abhören (siehe „Weitere Informationen").

Anreise

Mit dem Auto: Das Wandergebiet der Bayerischen Alpen ist über mehrere Autobahnen bzw. zahlreiche Bundes- und Staatsstraßen gut zu erreichen. Für die Anreise mit dem Auto wurde jeweils der am günstigsten gelegene Wanderparkplatz zum Ausgangspunkt der Tour angegeben. Bitte an Kleingeld denken, denn viele der mittlerweile eingerichteten Wanderparkplätze sind auch im Winter gebührenpflichtig.

Mit Bahn & Bus: Alle Ausgangspunkte unserer Tourenvorschläge, die mit öffentlichen Verkehrsmitteln – Bahn und Bus – ohne großen Zeitverlust gut zu erreichen sind, finden eine besondere Erwähnung, um auch eine alternative und zudem

Damit unsere Wanderungen gut gelingen und wir auch wieder sicher und zufrieden nach Hause kommen, bedarf es einer gewissen Planung und Vorbereitung. Nachfolgend einige Empfehlungen und Hinweise, die jeder Wanderer nach seinem Gusto als Anregung annehmen mag.

Allgemeine Wandertipps

Die wesentlichen Informationen zu jeder Wanderung finden Sie in den ausführlich gestalteten Info-Kästen, die jeder Tourenbeschreibung beige-

umweltfreundliche Anfahrtsmöglichkeit anzubieten. Die günstigen Bahntickets (z. B. Bayernticket) machen diese Entscheidung noch leichter, sie helfen sogar Geld sparen.

Von den Bahnhöfen der Deutschen Bahn sowie der Bayerischen Oberlandbahn (BOB) fahren regelmäßig – wenn auch nicht immer sehr oft – Busse zu den Ausgangspunkten der Wanderungen. Vor allem im Winter muss hier mit eingeschränkten Möglichkeiten gerechnet werden.

Anforderungen

Im vorgestellten Tourengebiet bewegen wir uns auf einem guten Wegenetz, das von den alpinen Vereinen sowie den örtlichen Gemeinden gewartet und im Winter überwiegend geräumt bzw. gewalzt wird. Besonders die Hüttenwirte sind natürlich im Winter an freien Zugangswegen interessiert bzw. benötigen diese auch für die Versorgung der Hütten. Auf einigen Wegpassagen kommen wir jedoch nur auf gespurten Wegen ans Ziel (oft spurt der Hüttenwirt sogar selbst); dort sind dann auch schon mal Trittsicherheit und Schwindelfreiheit erforderlich. Dies trifft vor allem auf einen Teil der angesteuerten Gipfel zu (die in diesem Band nur als Dreingabe gedacht sind). Bei einigen wenigen Touren sollte auch Bergerfahrung mitgebracht werden (siehe dazu die Tourenübersichten am Ende des Buches).

Bergrettung

Nicht nur im Hochgebirge, auch auf der einfachsten Wanderung können mitunter Probleme auftreten: Wettersturz, plötzlicher Schneefall oder Hagel, Blitzschlag und Nebel. Aber auch ein Abrutschen in steilem Gelände, ein Verstauchen des Knöchels usw. sind nicht selten. Daher sollte jeder Bergwanderer das international eingeführte Notsignal beherrschen: Innerhalb einer Minute wird sechsmal in regelmäßigen Abständen, mit einer Minute Unterbrechung, ein hörbares oder sichtbares Zeichen (Pfeifen/Blinken, z. B. mit Triller-pfeife oder Taschenlampe) gegeben. Der Empfänger antwortet mit dreimaliger Zeichengebung in der Minute.

Die Mitnahme eines Handys bietet nicht immer eine Gewähr dafür, schnelle Rettung oder Hilfe anfordern zu können. Es gibt trotz der alpenweiten Notrufnummer (112) sogenannte Funklöcher; aber auch der Akku kann schnell mal leer sein. Um sicherzugehen, besser also zusätzlich eine Signalpfeife mitnehmen.

Gehzeiten und Höhenmeter

Die Gehzeiten sind ohne Pausen gerechnet, aber gut bemessen. Als Grundregel gilt: 4 km/Std. in der Ebene, 400 Hm im Anstieg. Im Winter verringern sich diese jedoch der Schneelage und der

Traumhafte Winterstimmung im hinteren Isarwinkel

Konsistenz des Schnees entsprechend. Die angegebenen Höhenmeter (Hm) beziehen sich auf den Höhenunterschied zwischen Ausgangspunkt und Wanderziel. Ein wichtiger Punkt ist die Zeitplanung: Also immer eine Reserve einplanen, da das Vorwärtskommen im Schnee mühsamer ist. Auch die Tage sind kürzer.

Wanderkarten

Für das Gebiet der Bayerischen Alpen bietet sich die Mitnahme der Topographischen Blätter des Bayerischen Landesamtes für Digitalisierung, Breitband und Geoinformation (LDBV) im Maßstab 1:50 000 an. Folgende Sonderblätter decken unser behandeltes Wandergebiet ab: „Berchtesgadener Alpen", „Chiemsee – Chiemgauer Alpen", „Mangfallgebirge", „Tölzer Land – Starnberger See", „Karwendelgebirge", „Werdenfelser Land", „Füssen" sowie „Allgäuer Alpen".

Die Tourenkarten können Sie herunterladen und ausdrucken unter:
**www.bassermann-verlag.de/
Winterwanderungen**

Einkehr & Übernachtung

Einige der Alpenvereinshütten und Privathütten sowie Almen sind auch im Winter bewirtschaftet und haben gemütliche Stuben, die in den meisten Fällen sogar über einen Kachelofen verfügen; ja, einige bieten sogar Übernachtungsmöglichkeiten an.

Die Übernachtung dort kann in der Regel nur mit einem Hüttenschlafsack erfolgen. Der Erwerb auf der Hütte ist möglich. Privathütten haben oft jedoch ihre eigenen Vorstellungen. Übernachtungen sollten grundsätzlich nur nach Absprache mit den Hüttenwirten und den Almbetreiber eingeplant werden.

Wandern im Winter

Die in diesem Band vorgestellten Wintertouren sind leicht zu bewältigen, zum Teil führen sie auch über geräumte oder gebahnte Wege. Trotzdem sollten Sie den veränderten Bedingungen Rechnung tragen und die Ausrüstung etwas aufstocken. Zur Grundausstattung gehören natürlich feste, ausreichend hohe Trekkingschuhe, zudem empfiehlt sich die Mitnahme von Teleskopstöcken, um auf glatten Wegstellen besser balancieren zu können. Bei steilen Anstiegen sind auch Grödeln oder Spikes nicht verkehrt. Bei einigen wenigen Touren lässt sich auch den Einsatz von Schneeschuhen erproben. Mütze und Handschuhe gehören unbedingt dazu. Wechselwäsche, eine winddichte Überhose, Gamaschen, um die Bergschuhe zur Hose hin abzudichten (sie sollten ein Band haben, das unter der Schuhsohle verläuft), sowie ein Biwaksack (der ist nicht teuer und auch leicht) und Sonnencreme mit hohem Lichtschutzfaktor sowie eine Sonnenbrille sind auch nicht verkehrt. Denken Sie auch daran, dass bei schlechter Sicht das grelle Weiß unsere Wahrnehmung beeinträchtigen kann. Oder dass bei Schneetreiben Spuren leicht verwischen können. Für die Stärkung zwischendurch und um die Moral zu heben, ist die Mitnahme eines heißen Tees oder Getränks aus der Thermoskanne sehr zu empfehlen. Wegen der kurzen Tage sollten Sie auch an die Mitnahme einer Taschenlampe denken, diese aber besser körpernah tragen, damit die Batterieleistung sichergestellt ist.

Für den Aufenthalt auf der Hütte empfehlen sich: Hüttenschuhe, Hüttenschlafsack und eine kleine Taschenlampe sowie Oropax.

Wer sich intensiver mit dem Winterbergwandern befasst, wird sich vielleicht auch Schneeschuhe zulegen, die nach Neuschnee besonders hilfreich sind.

Aufgrund der besonderen Bedingungen (Schnee und Vereisung), geringeres Aufkommen von Wanderern und Revisionszeiten der Bergbah-

Die kleine Barock-Kapelle am Lautersee im Winterkleid (Tour 35)

nen sind viele der auf Winterbetrieb eingestellten Berghütten und Almen nicht durchgehend bewirtschaftet. Einige der Hütten sind dann nur am Wochenende geöffnet oder legen den einen oder anderen Ruhetag zusätzlich ein. Doch in die Wintersaison fallen auch einige der wichtigsten Ferienzeiten: Weihnachten, Fasching, Ostern. Dann sind nahezu alle Hütten auch durchgängig bewirtschaftet. Achtung: Manche Hütten bieten im Winter keine Übernachtungsmöglichkeit an. Also unbedingt vorher Erkundungen einziehen.

Familienfreundliche Touren

Viele der hier vorgeschlagenen Touren sind auch für Kinder gut geeignet, sobald sie selbst schon laufen können. Lange Touren mit Kindern in der Kraxe sollten nur unternommen werden, wenn die Temperaturen schon etwas höher sind. Andernfalls fangen die Kleinen aufgrund des Bewegungsmangels schnell zu frieren an (siehe dazu im Anhang die Tourenübersicht).

Weitere Informationen

Die telefonische Auskunftsstelle des Deutschen Alpenvereins gibt es nicht mehr: Der Service ist auf der Website **www.alpenvereinaktiv.com** abrufbar. Auf dem neuen Tourenportal können nahezu alle Fragen hinsichtlich Öffnungszeiten der Hütten, Wanderwetter und Sicherheitsfragen beantwortet werden.

Bergwetter: Wetterbericht für die bayerischen Alpen, Österreich und Südtirol:
www.br.de/bergwetter
Auskunft Winter (Lawinenlagebericht Bayern): Tel. 089/9214 12 10 (Bandansage)
Europäische Notrufnummer: 112
Bergrettungs-Notruf in Bayern: 192 22

Bei den Tourensteckbriefen ist die jeweilige Webseite der örtlichen Tourismusbüros angegeben. Dort gibt es meist umfangreiche Informationen zu den Orten, Gasthäusern, Berghütten, Sehenswürdigkeiten sowie zusätzliche Wandertipps.

BERCHTESGADENER
ALPEN

Durch den magischen Zauberwald zu einem romantischen Bergsee

Die Marxenklamm im Zauberwald mit ihren bizarr geformten Eisgebilden

Das Dorf Ramsau im Berchtesgadener Land steht ikonographisch für eine der schönsten Landschaften in den Bayerischen Alpen. Die typische barocke Kirche, im Hintergrund die Reiter Alm – dieses Motiv wurde unzählige Male von Malern wie auch Fotografen festgehalten. Mittlerweile darf sich Ramsau auch „klassifiziertes Bergsteigerdorf" nennen. Auf dieser Wanderung wollen wir jedoch nicht hoch hinauf, sondern in die nächste Umgebung ausschwärmen und den Zauberwald erkunden. Diese romantisch-bizarre Landschaft wurde vor etwa 3500 Jahren durch einen Bergsturz vom Hochkalter geschaffen. Da der so entstandene Hintersee höher lag, suchte sich das abfließende Wasser seinen Weg durch die Felsen und schuf die Marxenklamm genannte kleine Schlucht. Da diese mit ihren kleinen Katarakten und mit von Moos überwachsenen Felsen wie eine Märchenlandschaft anmutet, war sie früher oft Ziel von Landschaftsmalern. Daher ist dieser Abschnitt unserer Wanderung bis zum Hintersee auch als Malerweg ausgeschildert. Im Winter überziehen sich die Felsen mit Eis und lassen so bisweilen bizarre Eisgebilde entstehen.

Von Ramsau in den Zauberwald

Wir starten unsere Rundwanderung beim sogenannten Malerwinkel, um die berühmte Postkartenansicht nicht zu verpassen. Noch vor der Pfarrkirche queren wir links die Brücke über die Ramsauer Ache und wandern dann gut ausgeschildert (Wegweiser „Zauberwald", „Hintersee") an der Ache entlang direkt auf die Reiter Alm zu. Wir passieren einen Parkplatz, folgen kurz einem Wirtschaftsweg und lassen uns dann rechts auf den Fußweg zu den „Gletscherquellen" leiten. Anschließend queren wir die St 2099 und wandern in den tief verschneiten Zauberwald hinein. Gleich zu Beginn müssen wir das Wirtshaus im Zauberwald „meistern", also nicht einkehren, sondern für den Rückweg einplanen. Vorbei an einem Wasserrad mit beweglichen Figuren passieren wir kurz dahinter eine Brücke und folgen links dem Naturlehrpfad, der uns durch dichten Wald bis zum Hintersee leitet. Der Weg ist nun schmal, zum Teil mit Gelände gesichert, und sicher der spektakulärste Teil unserer Wanderung. Achtung: Die Holzbohlen können manchmal recht rutschig bzw. vereist sein. Am (im Winter geschlossenen) Kiosk halten wir uns rechts und wandern auf breitem Weg durch Wald am Ostufer des Hintersees entlang. Die reizvollen Buchten laden zu einem längeren Verweilen ein.

Rückweg vom Hintersee nach Ramsau

Am nördlichen Ende des Hintersees halten wir uns rechts (wir könnten allerdings auch links

weiter zu den Gasthöfen am Nordufer des Hintersees weiterwandern) und folgen nun dem breiten
Wanderweg (nicht hinauf zur Straße gehen, die
die Schwarzbachwacht mit dem Hintersee verbindet) am Fuße des Wartsteins entlang zurück
zum Wirtshaus am Zauberwald, wo wir wieder auf
unseren Herweg stoßen. Nach der Einkehr folgen
wir dem bereits bekannten Weg zurück bis zum
Ausgangspunkt.

Wieder in Ramsau angekommen, können wir erneut einkehren – entweder im Traditionsgasthaus
Oberwirt, das bereits vor über 500 Jahren Pilger
und Reisende bewirtete, oder im Bergsteigercafé
gegenüber der Pfarrkirche, wo wir sogar eine Terrasse mit Ausblick vorfinden und wo wir noch
etwas Wintersonne genießen können.

 TOURISTINFO

**Kurverwaltung Ramsau (Haus des Gastes),
Im Tal 2, 83486 Ramsau, Tel. 08657/98 89 20,
www.ramsau.de**

KARTENHINWEIS Topographische Karte
1:50 000 Blatt „Berchtesgadener Alpen" (LDBV)

 ANFAHRT

Mit dem Auto: Auf der Salzburger Autobahn (A8)
bis zur Ausfahrt Piding, dann auf der B20 und B21
nach Unterjettenberg; dort links ab und auf der B305
zur Schwarzbachwacht, dann hinab ins Ramsauer Tal.
Im Talboden links weiter nach Ramsau. Parkplätze in
Ortsmitte bzw. Parkplatz Neuhausenbrücke.
Mit Bahn & Bus: Mit der Bahn über Freilassing bis
zum Endbahnhof Berchtesgaden, von dort weiter mit
dem RVO-Bus nach Ramsau (Haltestelle Kirche) oder
weiter zum Hintersee (Haltestelle Seeklause).

 AUSGANGSPUNKTE

Ortsmitte von Ramsau (bei der Kirche; 650 m) oder
Wanderparkplatz Seeklause (789 m)

 ANFORDERUNG

Leichte Wanderung, zu Beginn auf breitem Wanderweg, dann auf gut angelegtem Steig durch den Zauberwald. Die Strecke wird im Winter geräumt.

 HÖHENUNTERSCHIED

Etwa 150 Hm im Auf- wie im Abstieg

 GEHZEITEN

Zum Hintersee 1 ½ Std., Rückweg durch den Zauberwald 1 ½ Std., **Gesamtgehzeit: 3 Std.**

 AUSRÜSTUNG

Teleskopstöcke und Spikes; bei Neuschnee können
auch Gamaschen von Vorteil sein.

🏠 **EINKEHR & ÜBERNACHTUNG**

Gasthaus Oberwirt (670 m), ganzjährig
bewirtschaftet, in der Ortsmitte, Tel. 08657/225,
www.oberwirt-ramsau.de
Bergsteigercafé, schräg gegenüber der
Pfarrkirche, Freitag Ruhetag, Tel. 08657/298,
www.sieger-brandner.de
Wirtshaus im Zauberwald, ganzjährig bewirtschaftet, Mittwoch Ruhetag, 3 Ferienwohnungen,
Tel. 08657/552, www.ramsau-zauberwald.de

Vom „Sahne"-Gletscher zum Söldenköpfl

Der Soleleitungsweg hoch über dem Ramsauer Tal

Gerade im Winter, wenn die Tage kurz sind, suchen wir nach Ausflugszielen, die uns nicht nur einen großartigen Blick auf die verschneiten Landschaften bieten, sondern wo wir auch Sonne „tanken" können. Der Soleleitungsweg über dem Bergsteigerdorf Ramsau ist so ein Weg. Wir könnten diesen Weg auch drunten im Tal beginnen, doch der gemütliche Winterwanderer startet diese Tour am liebsten vom Berggasthaus Zipfhäusl. So hat er von Beginn an einen freien Blick und – falls es ein sonniger Tag ist – den ganzen Tag Sonne, da der Weg südostwärts durch die Hänge des Toten Mannes. Auf dem östlichen Teil des Soleleitungsweg, den wir abwandern, erwarten uns sogar drei Berggasthäuser, die auch im Winter geöffnet haben. So können wir uns im Gasthaus Gerstreit z. B. auf Germknödel freuen. Im Söldenköpfl erwarten uns ein köstliches Frühstück, sodann Gulasch, Ochsenfleisch, Schnitzel und zum Kaffee große Kuchenstücke. Im Winter nicht verkehrt: Neben anderen Bränden der Firma Grassl gibt es auch einen köstlichen Marillenschnaps mit dem treffenden Namen „Bergsteigerglück".

Dieser Weg ist nicht zufällig entstanden. Seit Jahrhunderten wird in Berchtesgaden Salz gefördert. Für das Sieden des Salzes wird viel Energie benötigt, die früher der Brennstoff Holz lieferte. Die Wälder in der Umgebung waren jedoch irgendwann abgeholzt. So lag es nahe, das verflüssigte Salz, die Sole, dorthin zu transportieren, wo es diese Energie noch in Fülle gab: nach Bad Reichenhall. Um diese Soleleitung instand halten zu können, wurden entlang der sogenannten Deichln, in denen das „flüssige Gold" transportiert wurde, Wartungswege angelegt. Bis zum Jahr 1961 wurde diese Soleleitung betrieben. Die alten Wartungswege wurden dann zu Wanderwegen umfunktioniert.

Auf dem aussichtreichen Höhenweg

Wir queren den großen Parkplatz und steuern das Berggasthaus Zipfhäusl an, halten uns dort links und folgen sogleich dem ausgeschilderten Soleleitungsweg, der uns zunächst in ein Bachtälchen leitet, mit dem hoffentlich gefrorenen Wasserfall des Schwarzecker Baches. Nach einem kleinen Waldstück erreichen wir bald einen Wirtschaftsweg, neben dem wir in einer Freiluftschau original hergestellte Deichln begutachten können. In einem Rechtsbogen geht es dann nahezu eben durch aussichtsreiche schneebedeckte Bergwiesen: Rechts hinter uns baut sich die Reiter Alm mit ihren nahezu undurchdringlich steilen Felswänden auf, gegenüber erhebt sich der Hochkalter, links davon sehen wir König Watzmann, das Wahrzeichen des Berchtesgadener Landes. Wir schlendern nun 400 Meter hoch über dem Ramsauer Tal dahin und tauchen dann in den Wald am Südhang des Toten Mannes ein. Unser Weg führt durch einen dunklen Felstunnel (Variante außen herum möglich); die Holzrohre der alten Soleleitung sind zwar verschwunden, der abenteuerliche Aspekt ist aber geblieben. Bis zum Berggasthaus Gerstreit bleiben wir nun im schattigen Wald, treten dann aus diesem heraus und

bewundern im Rückblick nochmals die Watzmannfamilie. Falls wir am Sonntag unterwegs
sein sollten: Nachmittags wird im Berggasthaus
Gerstreit echte bayerische Volksmusik gespielt.
Jenseits der großen Terrasse des Gasthauses führt
der Soleleitungsweg weiter. Nahezu eben wandern
wir nun durch einen weiten, bewaldeten Bergein-
schnitt, den Landtalgraben, zum aussichtsreich
gelegenen Brunnhaus Söldenköpfl. Hier befand
sich früher das Brunnhaus, zu dem die Sole aus
dem Tal mithilfe der Reichenbachschen Maschine
hochgepumpt wurde. Eine Gedenktafel im Inneren des Gasthauses erinnert daran. Falls es die
winterlichen Verhältnisse zulassen, lässt es sich
auf der Gastterrasse mit Blick auf den Hohen Göll
und den Jenner gut aushalten. Ansonsten erwartet uns drinnen eine gemütliche Stube.
Die Rückkehr erfolgt auf demselben Weg.

TOURISTINFO

Kurverwaltung Ramsau, Im Tal 2,
83486 Ramsau, Tel. 08657/98 89 20,
www.ramsau.de

KARTENHINWEIS Topographische Karte
1:50 000 „Berchtesgadener Alpen" (LDBV)

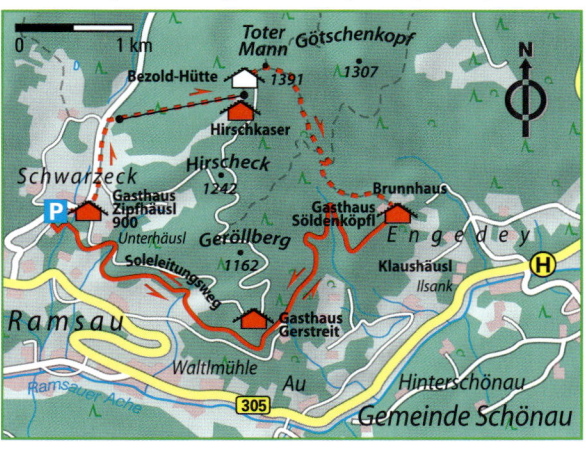

 ANFAHRT

Mit dem Auto: Auf der Salzburger Autobahn (A8)
bis zur Ausfahrt Piding, dann auf der B20 nach Bad
Reichenhall und auf der B21 nach Unterjettenberg
und links weiter auf der Deutschen Alpenstraße in
Richtung Ramsau. Etwa 3 km nach dem alten Pass-
übergang zweigt links ein Sträßchen in Richtung
Hochschwarzeck ab, wo bald das Zipfhäusl erreicht
ist; dort großer gebührenfreier Parkplatz.
Mit Bahn & Bus: Mit der Bahn über Freilassing bis
Berchtesgaden, von dort weiter mit RVO-Bus in
Richtung Schwarzeck, aussteigen am Zipfhäusl.

AUSGANGS- UND ENDPUNKT
Parkplatz Zipfhäusl (900 m)

ANFORDERUNG
Streckenwanderung auf gut instand gehaltenen
und ausgeschilderten Wanderwegen. Im Winter wird der gesamte Soleleitungsweg geräumt
und wo nötig auch gestreut.

HÖHENUNTERSCHIED
Nur geringe Höhenunterschiede

GEHZEITEN
Vom Zipfhäusl zum Brunnhaus Söldenköpfl 2 Std.,
Rückweg gleiche Zeit, **Gesamtgehzeit: 4 Std.**

AUSRÜSTUNG
Trekkingschuhe mit gutem Profil, aber auch Teleskopstöcke. Je nach Verhältnissen können Grödeln
oder Spikes hilfreich sein. Markierungsstangen
zeigen zudem den Wegverlauf an.

EINKEHR & ÜBERNACHTUNG
Berggasthaus Zipfhäusl (830 m), Tel. 08657/278
Berggasthof Gerstreit, ganzjährig bewirtschaftet,
Tel. 08657/497, www.berggasthof-gerstreit.de
Berggaststätte Söldenköpfl (953 m), ganzjährig
bewirtschaftet, Freitag Ruhetag, Tel. 08652/23 83,
www.berggaststaette-soeldenkoepfl.de

Eis, Schnee und eine Wildfütterung

Blick über den winterlichen Hintersee auf die Felsabstürze der Reiter Alm

Über den Hirschbichl, dem Passübergang am Ende des langen Klausbachtals, fuhren seit dem Mittelalter bis zu Beginn des 19. Jahrhunderts Salzfuhrwerke und wanderten Pilger, denn er lag auf dem direkten Verbindungsweg aus der ehemaligen Fürstpropstei hinüber in den Pinzgau und nach Tirol. Heute ist dieser Weg für den allgemeinen Verkehr gesperrt und wird daher umso dankbarer von den Wanderern angenommen. Im Sommer verkehrt sogar ein Bus, um müden Wanderern den Heim- oder den Anmarschweg zu verkürzen. Auf unserer Winterwanderung konzentrieren wir uns jedoch auf die Wildfütterung und wandern anschließend weiter durch das stille Gebirgstal bis zu unserem Wendepunkt bei der Bindalm. Dort sind drei historische Almhütten zu betrachten, im Winter leider nur von außen; darunter der Schiedkaser, der aus dem Steinernen Meer von Denkmalschützern dorthin verpflanzt wurde, sowie der Möslerkaser, der im Sommer almtypische Bewirtung bietet. Er wurde nach einem Brand im alten Stil wieder aufgebaut. Nach unserer Rückkehr halten wir beim ebenfalls historischen Gasthof Auzinger Einkehr. Dort war im

DER BESONDERE TIPP

Jeden Donnerstag im Winter – von Ende Dezember bis Ende April – führt die Nationalparkverwaltung kostenlose Adlerbeobachtungen durch. Da diese Greifvögel besonders im Winter ihren Beutetieren auf ihren Wanderungen folgen, sind sie zur Zeit der Wildfütterung leichter zu entdecken. Treffen jeweils um 11 Uhr an der Nationalpark-Informationsstelle. Mindestteilnehmerzahl: 4. Die Mitnahme warmer Kleidung sowie eines Fernglases ist selbstverständlich.

19. Jahrhundert die Verpflegungsstelle und Unterkunft für all die malenden Künstler, die uns ein reiches Werk an Landschaftsbildern hinterlassen haben. Neben dem Gasthaus Auzinger gibt es weitere Gaststätten direkt am See, so den Wörndlhof und die Seeklause, wo wir den Tag bei regionalen Schmankerln ausklingen lassen können.

Vom Nationalparkhaus zur Bindalm

Vom Wanderparkplatz am Eingang ins Klausbachtal schlendern wir zunächst hinüber zur Nationalpark-Informationsstelle (ein hübsches, denkmalgeschütztes Bauernhaus, das von der Berchtesgadener Unterau hierher „verpflanzt" wurde). Dort halten wir uns links und wandern auf dem geräumten Wirtschaftsweg durch lichten Wald talein. Da die Felsgipfel links und rechts unseres Weges steil aufragen, fällt im Winter nicht sehr viel Sonnenlicht ins Tal. Wir müssen uns also warm anziehen. Die Bäume sind oft von Raureif überzogen, was den Winterzauber deutlich erhöht. Schon nach einer halben Stunde Gehzeit ist die Schaufütterung erreicht (diese Strecke könnten wir übrigens auch mit einem Pferdeschlitten zurücklegen). Wir klettern den neuen Holzturm hinauf, um Hirsche und Rehe aus einer ungewohnten Perspektive erleben zu können. Die Fütterung findet in der Regel mittags statt, also früh starten; vor allem auch, weil wir noch ein gutes Stück Weg vor uns haben. Ab der Wildfütterung wird der Weg in die Grundübelau im Winter nicht mehr unterhalten, sodass wir uns am besten an die Vorgängerspuren halten (es sind nahezu immer welche vorhanden). Wir verlassen die Fahrstraße zum Hirschbichl nach links und wandern auf dem parallel laufen Wirtschaftsweg weiter. Kurz vor der Engert-Diensthütte berühren wir diesen wieder, bleiben aber meist links davon. Der Weg steigt ab hier leicht an, führt unter der Klauswand entlang und erreicht dann die Bindalm (1117 m) mit ihren vier Almhütten. Etwas über 300 Höhenmeter mussten wir auf die-

KARTENHINWEIS Topographische Karte 1:50 000 Blatt „Berchtesgadener Alpen" (LDBV)

ser Strecke bewältigen. Gegenüber erheben sich die prächtigen Felsgipfel der Ramsauer Dolomiten, die günstig im Licht stehen, denn es ist bereits Nachmittag und die Sonne senkt sich allmählich im Westen.

Nach einer Brotzeit aus dem Rucksack und einem Schluck warmen Tees aus der Thermoskanne machen wir uns auf den Rückweg, den wir auf der gleichen Spur zurücklegen. Am Ausgangspunkt gönnen wir uns in den warmen Wirtschaftsstuben ein deftiges Essen, um den Kalorienschwund wieder auszugleichen – ohne darüber nachdenken zu müssen, ob das Tageslicht für den Rückweg noch ausreicht.

WILDFÜTTERUNG IM KLAUSBACHTAL

Das Klausbachtal gehört im Winter zu den stillen Alpentälern, es gibt keine Zufahrt zu einer Piste und auch keinen Langlauf. Dafür aber eine beeindruckende Winterlandschaft mit den links und rechts steil aufragenden Felsgipfeln der Reiter Alm und des Hochkalters. Eine Besonderheit

Mit Schneeschuhen zur Bindalm – die optimale Fortbewegungsart im tief verschneiten Gelände

dieser Wanderung ist der Besuch der Wildfütterung, wo wir in der Regel eine großen Zahl von Rotwild – in der Regel 40 bis 50 Stück – zu Gesicht bekommen. Denn im Winter finden die Tiere nicht genügend Futter. Diese seit langem gepflegte Wildfütterung hat nun eine neue Gestaltung erfahren. Ein Palisadenzaun aus Lärchenholz hat den alten Maschenzaun ersetzt. Ein elf Meter hoher Holzturm ermöglicht das Betrachten der Tiere von zwei Aussichtsplattformen in jeweils drei bzw. sechs Meter Höhe. Wer also nicht die ganze Wanderung bis ans obere Ende des Klausbachtals unternehmen möchte – sie ist für ungeübte je nach Schneeverhältnissen durchaus konditionell anstrengend –, kommt hier durchaus auf seine Kosten. Und für Hin- und Rückweg müssen wir nur eine Gehstunde einplanen.

Ein weiteres Wintervergnügen können wir dann noch auf dem Hintersee genießen. Die im Winter schnell zugefrorene Eisdecke lockt dort Eisstockschützen, Schlittschuhläufer und auch Eishockeyspieler an.

 TOURISTINFO

Kurverwaltung Ramsau, Im Tal 2,
83486 Ramsau, Tel. 08657/98 89 20,
www.ramsau.de

ANFAHRT

Mit dem Auto: Auf der Salzburger Autobahn (A8) bis zur Ausfahrt Piding, dann auf der B21 über Bad Reichenhall durchs Saalachtal nach Unterjettenberg; dort links ab in Richtung Ramsau zur Schwarzbachwacht. Kurz nach der Passhöhe rechts ab und über die Ortsteil Taubensee und Antenbichl zum Hintersee (hierher natürlich auch über Berchtesgaden möglich). Am See vorbei und bis zum Ende der öffentlichen Straße am Eingang ins Klausbachtal; dort befindet sich ein großer, gebührenpflichtiger Wanderparkplatz, der auch im Winter geräumt ist.

Mit Bahn & Bus: Mit der Bahn über Freilassing und Bad Reichenhall nach Berchtesgaden, von dort weiter mit dem RVO-Bus zum Hintersee.

✖ AUSGANGS- UND ENDPUNKT
Wanderparkplatz Klausbachtal (800 m)

◎ ANFORDERUNG
Leichte Winterwanderung. Bis zur Wildfütterung – nach gut zwei Kilometern – geräumter Wirtschaftsweg. Der zweite Abschnitt bis zur Bindalm ist nicht geräumt, wir finden jedoch immer einen gespurten Pfad; erst im letzten Abschnitt steigt der Weg über einen längeren Abschnitt etwas an.

▲ HÖHENUNTERSCHIED
320 Hm auf dem Hin- wie auf dem Rückweg

⧗ GEHZEITEN
Vom Wanderparkplatz Klausbachtal zur Bindalm 2¼ Std., Rückweg 2 Std., **Gesamtgehzeit:** 4¼ Std.

✖ AUSRÜSTUNG
Teleskopstöcke und Gamaschen sind besonders für den zweiten Wegabschnitt sehr empfehlenswert.

🏠 EINKEHR & ÜBERNACHTUNG
Unterwegs keine; also Brotzeit und Thermosflasche mit warmen Getränken mitbringen
Gasthaus Auzinger (796 m), am Eingang ins Klausbachtal, ganzjährig bewirtschaftet, schöne Gästezimmer, Tel. 08657/230, www.auzinger.de
Mehrere Gasthäuser mit Übernachtungsmöglichkeit am Hintersee

Auch im Winter ein Blickfang: die Ramsauer Kirche

Sonne tanken vor der warmen Holzwand

Auf dem Carl-von-Linde-Weg zu drei Einkehrmöglichkeiten

Der durchweg geräumte Höhenweg

Direkt gegenüber dem prächtigen Watzmann – auf knapp 1000 Meter Höhe über dem Talboden – gibt es einen herrlichen Höhenweg. Er wurde bereits im Jahre 1895 auf Kosten des gleichnamigen Ingenieurs und Erfinders des Kühlschranks, der damals viel Zeit in Berchtesgaden verbrachte, angelegt. Ohne große Höhenunterschiede führt er uns vom heutigen Dokumentationszentrum Obersalzberg – parallel zur Dürreckstraße – zur Graflhöhe. Neben der großartigen Aussicht freuen wir uns auf dieser Strecke auch auf die Einkehrmöglichkeiten bei drei schönen Berggaststätten. Falls wir das Auto im Tal stehen lassen wollen oder sogar öffentlich angereist sind, können wir die historische Obersalzbergbahn (1949 erbaut) für die Auffahrt nutzen. Großer Vorteil dieser Winterwanderung: Die Strecke wird im Winter geräumt und gestreut.

Eine Streckenwanderung auf dem Carl-von-Linde-Weg

Vom Parkplatz beim Dokumentationszentrum folgen wir der Anfahrtsstraße wenige Meter hinab und biegen dann bei einer Kurve links in den ausgeschilderten Carl-von-Linde-Weg ein. Wir folgen nun dem breiten und geräumten Wanderweg leicht fallend durch Wald zum Alpengasthof Hochlenzer – kurz davor queren wir noch die Rodelbahn. Dort können wir über die Zufahrtsstraße die Bergstation der Obersalzbergbahn und den Berggasthof Sonneck erreichen. Wir wandern jedoch noch ein Stück auf dem Lindeweg weiter, bis wir nach einem leichten Anstieg das Gasthaus Graflhöhe am Beginn der Scharitzkehlstraße erreichen. Falls die Temperaturen mitspielen, können wir auf einer der schönsten Terrassen im Berchtesgadener Land den freien Blick auf die Watzmannfamilie genießen. Landläufig heißt dieses Wirtshaus auch zum Windbeutelbaron, was sich in der Speisekarte niederschlägt. Windbeutel sind eine deftige und opulente Süßspeise, die es in der Form nur dort gibt; sie basieren auf dem Originalrezept eines Berliner Konditors, der diesem Haus sehr verbunden war. Übrigens: „Windbeutelbaron" ist eine geschützte Marke. – Hier drehen wir um und folgen der gesamten Strecke wieder zurück bis zum Ausgangspunkt in Obersalzberg.

DER RODEL-TIPP

In Nähe der Bergstation der Obersalzbergbahn (1030 m) führt eine steile Naturrodelbahn hinab zur Talstation. Dabei wird ein Höhenunterschied von 500 Metern bewältigt; die Länge der Strecke beträgt 3,4 Kilometer. Man muss mit 20 Minuten Abfahrtszeit rechnen. Für dieses Vorhaben nehmen wir natürlich dankbar die Aufstieghilfe mit der Obersalzbergbahn an.

TOURISTINFO

Berchtesgadener Land Tourismus,
Maxmilianstraße 9, 83471 Berchtesgaden,
Tel. 08652/656 50 50, www.berchtesgadener-land.com

ANFAHRT

Mit dem Auto: Auf der Salzburger Autobahn (A8) bis zur Ausfahrt Piding, dann auf der B20 über Bad Reichenhall und Bischofswiesen nach Berchtesgaden; linkshaltend weiter in Richtung Marktschellenberg zum Parkplatz Schießstattbrücke (Obersalzbergbahn). Dort beginnt auch die B319, die hinauf zur Dokumentation Obersalzberg führt; großer Ausflugsparkplatz (920 m).
Mit Bahn & Bus: Mit der Bahn über Freilassing bis zum Endbahnhof Berchtesgaden, von dort weiter mit dem RVO-Bus nach Obersalzberg. Oder vom Bahnhof zu Fuß (1 km) zur Talstation der Obersalzbergbahn (530 m).

AUSGANGSPUNKT

Parkplätze beim NS-Dokumentationszentrum (920 m) oder Bergstation der Obersalzbergbahn (1020 m)

BERGBAHN

Die Obersalzbergbahn verbindet den Markt Berchtesgaden mit dem Wandergebiet auf dem Obersalzberg; sie ist nahezu ganzjährig in Betrieb. Fahrzeiten im Winter von 10 bis 16 Uhr. Übrigens: Hunde dürfen mitfahren! www.obersalzbergbahn.de

ANFORDERUNG

Leichte Winterwanderung auf breiten Wanderwegen bzw. Wirtschaftswegen. Der Carl-von-Linde-Weg ist auch bei hoher Schneelage gut machbar, da die Strecke geräumt bzw. präpariert wird.

HÖHENUNTERSCHIED

150 Hm im Abstieg und 170 Hm im Aufstieg

GEHZEITEN

Von Obersalzberg bis zum Gasthaus Graflhöhe 1 Std., Rückweg 1 Std., **Gesamtgehzeit:** 2 Std.

AUSRÜSTUNG

Normale Wanderausrüstung sowie Teleskopstöcke

EINKEHR & ÜBERNACHTUNG

Gasthaus Sonneck (930 m), an der Scharitzkehlstraße, nahezu ganzjährig bewirtschaftet, Mittwoch Ruhetag, Gästezimmer, Tel. 08652/977 75 55, www.gasthaus-sonneck.de
Alpengasthof Hochlenzer (900 m), nahezu ganzjährig geöffnet, vor Weihnachten Betriebsruhe, Gästezimmer und Ferienwohnungen, Tel. 0865/21 05, www.hochlenzer.de
Graflhöhe (970 m), nahezu ganzjährig bewirtschaftet, Mittwoch Ruhetag, Tel. 08652/25 77, www.windbeutelbaron.de
Berggasthof Obersalzberg (920 m), nahezu ganzjährig geöffnet, Tel. 08652/977 75 20, www.berggasthofobersalzberg.de

KARTENHINWEIS Topographische Karte 1:50 000 Blatt „Berchtesgadener Alpen" (LDBV)

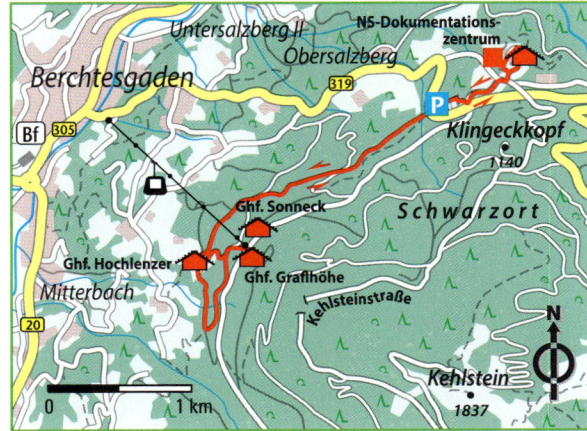

Von Vordergern auf einen Inselberg mit prächtigem Panorama

Die Paulshütte – eine veritable Gipfelhütte

Die Kneifelspitze ist wohl der kleinste der Berchtesgadener Aussichtsberge. Auf seinem Gipfel liegt die nahezu ganzjährig bewirtschaftete Paulshütte. Allerdings müssen wir für die Zeit nach den Weihnachtsferien bis Ende März auf die Einkehr verzichten. Zur Not verpflegen wir uns dann aus dem Rucksack.

Auf der Paulshütte gibt es nicht nur eine grandiose Aussicht von der Sonnenterrasse – schließlich handelt es sich bei der Kneifelspitze um einen Inselberg -, bei schlechtem oder kühlem Wetter wärmt uns der Kachelofen in der mit viel Holz gestalteten Stube. Es gibt zünftige Hausmannskost und selbst gemachte Kuchen.

Und zum Abschluss unserer Tour schauen wir natürlich in die Wallfahrtskirche Maria Gern, die als eine der reinsten Rokokokirchen Südbayerns gilt. Da die Strecke nicht sehr lang ist, eignet sich die Tour auch für Familien mit Kindern.

Von Maria Gern hinauf zur Paulshütte

Vom Parkplatz gehen wir an der unverwechselbaren Wallfahrtskirche Maria Gern vorbei und folgen dem gesperrten und zunächst noch asphaltierten, schmalen Wirtschaftsweg ein kurzes Stück steil bergan. Bei der ersten Wegverzweigung halten wir uns rechts. Unser ausgeschilderter Weg geht dann in einen Sandweg über (falls er im Winter nicht mit Schnee bedeckt ist) und wird sogleich angenehm flach. Wir schlendern nun durch ein Waldstück weiter bis zur Lichtung der Marxenhöhe. Falls es die Schneehöhe zulässt, können wir von hier in fünf Minuten den Aussichtspunkt Marxenhöhe erreichen, der uns einen Tiefblick auf Berchtesgaden ermöglicht. Das Sträßchen macht hier eine Linkskehre, das Marxenlehen bleibt rechts unterhalb. Wir steigen durch den freien Hang an, queren nochmals ein Stück Wald und steuern – bei den Wegverzweigungen jeweils links – auf das Kneifellehen zu. Dort halten wir uns dann links und wandern auf dem Wirtschaftsweg in einer Diagonale durch den zunächst noch freien, weiter oben bewaldeten Hang mäßig steigend bergan. Bald verlassen wir den Fahrweg nach rechts und steigen in steilen Serpentinen durch Wald hinauf. Wir stoßen schließlich auf den geräumten Zufahrtsweg zum

DER BESONDERE TIPP

Die Wallfahrtskirche Maria Gern gilt als Juwel des bayerischen Rokoko. Die in den Jahren 1708 bis 1710 erbaute Kirche liegt frei am Eingang des Hochtales. Im Zentrum des Hochaltars steht die Madonna mit Kind aus dem Jahre 1666, die im Laufe des Kirchenjahres mit verschiedenen Barockgewändern bekleidet wird. Großartige Stuckdecke mit Fresken sowie zwei Seitenaltäre, der Kreuzaltar und der Josephsaltar.

Gipfel der Kneifelspitze, wo uns am höchsten Punkt die Paulshütte erwartet. Zunächst heißt es schauen und das überwältigende Panorama genießen, bevor wir es uns auf der Terrasse gemütlich machen. Wer nicht einkehren will, findet wenige Meter in östlicher Richtung einige Sitzbänke, die einen freien Blick auf Salzburg ermöglichen. Die Rückkehr erfolgt auf dem Anstiegsweg.

 TOURISTINFO

Berchtesgaden Tourismus, Maxmilianstraße 9, 83471 Berchtesgaden, Tel. 08652/656 50 50, www.berchtesgadener-land.com

 ANFAHRT

Mit dem Auto: Auf der Salzburger Autobahn (A8) bis zur Ausfahrt Piding, dann auf der B20 über Bad Reichenhall nach Bischofswiesen; am Ortsende links hinauf in Richtung Anzenbach, kurz davor links ab und in Kehren hinauf nach Vordergern. Parkmöglichkeiten bei der Wallfahrtskirche Maria Gern.

KARTENHINWEIS Topographische Karte 1:50 000 Blatt „Berchtesgadener Alpen" (LDBV)

Mit Bahn & Bus: Mit der Bahn über Freilassing bis zum Endbahnhof Berchtesgaden, von dort geht es weiter mit dem RVO-Bus bis nach Vordergern, Ausstieg bei der Haltestelle Maria Gern.

 AUSGANGSPUNKT

Kleiner Parkplatz bei der Wallfahrtskirche Maria Gern (730 m)

 ANFORDERUNG

Leichte Wanderung; zu Beginn breiter Wirtschaftsweg, im oberen Teil Wanderweg, die letzten Meter winden sich in steilen Serpentinen hinauf zum Gipfelhaus. Diese Tour ist auch bei hoher Schneelage gut machbar, da die Strecke geräumt bzw. präpariert wird.

 HÖHENUNTERSCHIED

Vom Ausgangspunkt in Maria Gern bis zur Kneifelspitze 460 Hm im Anstieg wie im Abstieg

 GEHZEITEN

Vom Parkplatz in Maria Gern 1¾ Std., Rückweg 1¼ Std., **Gesamtgehzeit:** 3 Std.

 AUSRÜSTUNG

Normale Wanderausrüstung sowie Teleskopstöcke und Spikes, da es im oberen Teil ziemlich steil wird.

 EINKEHR & ÜBERNACHTUNG

Paulshütte (1189 m), nahezu ganzjährig bewirtschaftet, von Anfang April bis Anfang November durchgehend, dann jedoch nur an den Wochenenden, nach dem 6. Januar bis Ende März ist geschlossen, Tel. 08652/62 338, www.kneifelspitze-berchtesgaden.de **Gasthaus-Hotel Maria Gern** am Ausgangspunkt sowie **Gasthaus Bachgütl** und **Berggasthaus Dürrlehen** in Hintergern, alle ganzjährig bewirtschaftet

CHIEMGAUER
ALPEN

Im Reich des deutschen Wintersports in Inzell

Der Falkensee am Fuße des gleichnamigen Gipfels

Dieser relativ kurze Wandervorschlag ist ideal für einen winterlichen Ausflug mit kleinen Kindern oder für Senioren, denn wir müssen nahezu keine Höhenunterschiede bewältigen. Außerdem wandern wir auf einem gemütlichen und breiten Familienwanderweg um den steilen Falkenstein und treffen dabei auf ein paar versteckte kleine Bergseen, den Falken- und den Krottensee, die möglicherweise sogar zugefroren sind. Nur am Rande berühren wir den berühmten Ferienort Inzell, der die Besucher sommers wie winters

anzieht, da er direkt am Alpenrand liegt und Start für zahllose Wanderungen in der näheren wie weiteren Umgebung ist. Auf dem Rückweg passieren wir das imponierende neue Eisstadion von Inzell, das den Ort weltberühmt gemacht hat.

Der Falkenstein-Rundweg

Vom Wanderparkplatz Zwing unterqueren wir die Deutsche Alpenstraße und treffen dort auf einen breiten ausgeschilderten Wanderweg nach rechts. Wir bleiben ab jetzt auf diesem Weg, der links um den Falkenstein herumführt (rechts weist uns bald ein Schild auf den nahen Gletschergarten hin, der im Winter jedoch nicht zu empfehlen ist). Zwischen aufstrebenden Felswänden hindurch – vorwiegend durch Wald – gelangen wir zu einem freien Gelände. Nach etwa 20 Minuten erreichen wir den ersten kleinen See, den Falkensee (Unterstandshäuschen). Da der Rundweg hier nahe am Berg verläuft, haben wir im Winter wenig Sonne, aber dafür richtiges Winter-Feeling.

Variante: Nach etwa 30 Minuten Gehzeit vom Falkensee können wir bei einer Wegverzweigung einen Abstecher zum Krottensee machen; von dort führt ein Weg am Bach entlang zurück zum Rundweg.

Wir bleiben auf dem Hauptweg und bald rückt auch der östliche Teil von Inzell ins Blickfeld. Bei den ersten Häusern halten wir uns links und wandern auf der Teerstraße weiter zum Gasthaus Binderhäusel (allerdings erst am Abend geöffnet). Dort halten wir uns erneut links und gehen auf den Wald zu. Auf einem schattigem Weg erreichen wir das imposante Inzeller Eisstadion (dem wir einen Besuch abstatten können). Weiter führt der Weg dann zum Natursee Zwing. Dort gehen wir links, folgen dem breiten, etwas steil hinaufführenden Wanderweg (er ist Teil des ehemaligen Soleleitungsweg) zur Deutschen Alpenstraße und wandern uns links haltend parallel zu dieser am Fuß des Falkensteins wieder zurück zum Ausgangspunkt.

TOURISTINFO

Inzeller Touristik GmbH,
Rathausplatz 5, 83334 Inzell,
Tel. 08665/98 850, www.inzell.de

ANFAHRT

Mit dem Auto: Auf der Salzburger Autobahn (A8) bis zur Ausfahrt Siegsdorf, dann auf der B306 nach Inzell und weiter in Richtung Weißbach an der Alpenstraße. Kurz vor dem ehemaligen Gasthaus Zwing befindet sich rechts ein Wanderparkplatz.
Mit Bahn & Bus: Mit der Bahn über Rosenheim nach Traunstein; von dort weiter (seltene Verbindungen) mit dem RVO-Bus über Inzell in Richtung Weißbach bis zur Haltestelle Zwing.

AUSGANGSPUNKT

Wanderparkplatz beim ehemaligen Gasthaus Zwing (710 m), auf halbem Weg zwischen Inzell und Weißbach a. d. Alpenstraße

ANFORDERUNG

Wirtschaftswege und Ortsträßchen bzw. breiter, gut beschilderter Wanderweg

HÖHENUNTERSCHIED

Kaum; 20 Hm auf dem Hin- sowie auf dem Rückweg

GEHZEITEN

Vom Wanderparkplatz über den Falkensee 1½ Std., Rückweg über das Eisstadion 1 Std., **Gesamtgehzeit: 2½ Std.**

AUSRÜSTUNG

Warme Winterkleidung, Wanderschuhe mit griffiger Sohle und Teleskopstöcke sind ausreichend.

EINKEHR & ÜBERNACHTUNG

Zwingseestüberl, in der Nähe des Eisstadions, Tel. 08665/300
Gasthöfe, z. B. **Hirschbichler, Kienberg, Schmelz,** Hotels und Pensionen in Inzell

SEHENSWERTES

Auf unserer Wanderung kommen wir an der Max-Aicher-Arena vorbei, einem der großen Eislaufzentren der Welt. Hier haben zahlreiche Weltmeister und Olympiasieger trainiert und gekämpft. Bereits im Jahr 1963 wurde hier ein Natureisstadion errichtet, das zum ersten Bundesleistungszentrum der Bundesrepublik erklärt und zwei Jahre später zu einem Kunsteisstadion umgebaut wurde. 2011 wurde schließlich ein neues, überdachtes Stadion eröffnet. Es gilt als modernstes Eissportstadion der Welt mit dem schnellsten Eis der Welt. Dieses Stadion ist nicht nur für Athleten geöffnet, sondern auch für das normale Publikum. Es gibt regelmäßige Führungen (Anmeldung in der Tourist-Information Inzell) und man kann auch Eisstockschießen, Eisskaten oder einfach nur den Eisläufern beim Training zuschauen. Tel. 08665/98 81-11 (Kasse), www.max-aicher-arena.de

KARTENHINWEIS Topographische Karte 1:50 000 Blatt „Berchtesgadener Alpen" (LDBV)

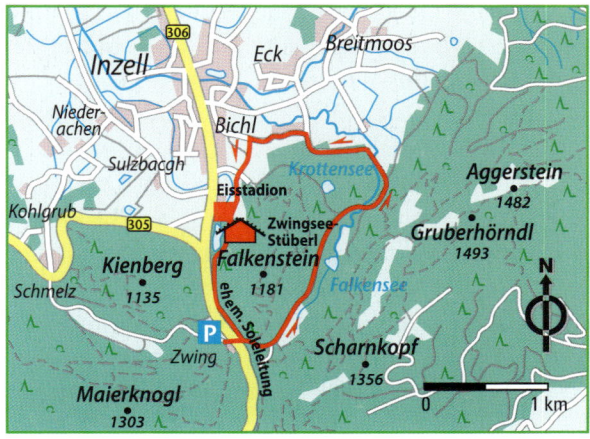

DIE FRILLENSEERUNDE

Wandern und Rodeln auf der Nordseite des Hochstaufens

Der Frillensee – die Wiege des Eissports in Inzell

Auf dieser kleinen Runde streifen wir auch den Frillensee am Fuße des Hochstaufens. Er gilt gemeinhin als die Wiege des Eislaufsports in Inzell sowie als kältester See Deutschlands. Seine maximale Tiefe beträgt 7,5 m. Da er auf einer Höhe von 922 Meter über dem Meeresspiegel liegt, ist er oft bereits im November zugefroren. Mittlerweile haben die Inzeller ein Hochleistungsstadion, und der Frillensee als Wintersportplatz ist nur mehr Anekdote. Am Nordufer des von Wald eingesäumten Sees befindet sich ein Hochmoor mit vielfältiger Flora. Das Gebiet steht unter Landschaftsschutz. Ein Bohlenweg macht dieses Hochmoor für den Naturfreund zugänglich. Darüber erheben sich die Gipfel des Hochstaufens und des Mittelstaufens. Ein Ort zum Träumen!

Von Adlgaß zum Frillensee

Vom Wanderparkplatz Adlgaß folgen wir der Forststraße Richtung Nordosten, dann wenden wir uns nach rechts (Ausschilderung „Frillensee", Weg-Nr. 14) und nach 10 Minuten erneut rechts, wo wir dem Frillenseebach durch schattigen Wald folgen (nach 20 Min. treffen wir auf den vom Forsthaus Adlgaß heraufkommenden Wanderweg). Immer dem Bach entlang geht es leicht ansteigend weiter durch Wald aufwärts (dieser Wald ist als Wandererlebnispfad ausgeschildert); bei der nächsten Wegverzweigung halten wir uns rechts, dann queren wir eine Forststraße und gehen auf dem nun breiteren Weg in 10 Min. zum schattigen Frillensee. Wir halten uns auf der linken Seite und wandern bis zu dessen Ende, wo uns links eine Wegtafel Richtung „Hochstaufen" weist. Aber so weit wollen wir nicht hinauf. Eine Infotafel gibt uns Auskunft zur Geschichte des Eisschnelllaufs in Inzell, die hier ihren Anfang nahm.

Rückkehr zum Gasthaus Adlgaß

Nach der Umrundung des Frillensees folgen wir an dessen nordwestlichem Rand dem schmalen Wirtschaftsweg talwärts. Nach etwa 20 Minuten queren wir einen Forstweg und wandern durch Wald weiter hinab. Unser Weg macht dabei zunächst eine weite Rechts-, dann eine Linkskurve und führt direkt hinab zum großen Wanderparkplatz in Adlgaß. Wir können jedoch auch

DER RODEL-TIPP

Oberhalb des Gasthauses Adlgaß gibt es eine mittelschwere Naturrodelbahn mit einer Abfahrt von 600 Metern Länge. Schlitten können im Gasthaus ausgeliehen werden. Zweimal wöchentlich ist die Bahn mit Flutlicht beleuchtet.

kurz vor diesem direkt zum Forsthaus absteigen; in diesem Fall folgen wir der Naturrodelbahn in direkter Linie hinab.

Den Besuch im Forsthaus Adlgaß haben wir uns für das Ende der Tour aufgehoben. Hier gibt es gut bürgerliche Küche und wir können mit Blick auf die Berge draußen sitzen. Falls es draußen zu kühl ist, gibt es drinnen in der Stube einen gemütlichen Kachelofen zum Aufwärmen.

Variante

Falls wir nicht am schattigen Frillenseebach entlang wandern wollen, können wir auch der Forststraße nahezu parallel folgen; sie macht einen Rechtsbogen und trifft dann wieder auf unseren Hauptweg. Wir können jedoch auch bei der dritten Wegverzweigung links weiterwandern und dann dem schmalen Verbindungssteig durch Wald hinüber zum Frillensee folgen (Wegweiser). In diesem Fall stoßen wir erst an dessen oberen Ende auf den tief verschneiten kleinen See.

TOURISTINFO

Inzeller Touristik GmbH, Rathausplatz 5, 83334 Inzell, Tel. 08665/98 850, www.inzell.de

ANFAHRT

Mit dem Auto: Auf der Salzburger Autobahn (A8) bis zur Ausfahrt Siegsdorf, dann weiter auf der B 306 nach Inzell. In Ortsmitte links ab und weiter (4,5 km) bis zum Straßenende in Adlgaß (800 m), am Fuß des Hochstaufens. Dort gibt es zwei große Wanderparkplätze (gebührenpflichtig).
Mit Bahn & Bus: Mit der Bahn über Rosenheim nach Traunstein, von dort weiter mit dem RVO-Bus nach Inzell, von der Ortsmitte zu Fuß entlang der Straße nach Adlgaß (einfache Strecke 1¼ Std.).

AUSGANGSPUNKT

Wanderparkplatz am Ende der Fahrstraße in Adlgaß (810 m)

ANFORDERUNG

Mittelschwere Winterwanderung auf breiten Bergwegen, zum Teil auf Forstwegen, die jedoch nicht geräumt oder gewalzt sind. Da diese Runde aber beliebt ist, sind nahezu immer breite Wegspuren vorhanden. – Variante zum Teil auf schmalem Bergwanderweg.

HÖHENUNTERSCHIED

150 Hm im Auf- wie im Abstieg

GEHZEITEN

Vom Wanderparkplatz in Adlgaß zum Frillensee 1¼ Std., Abstieg von dort auf dem Forstweg nach Adlgaß 1 Std., **Gesamtgehzeit:** 2¼ Std.

AUSRÜSTUNG

Teleskopstöcke, Grödeln und evtl. Gamaschen

EINKEHR & ÜBERNACHTUNG

Forsthaus Adlgaß (810 m), nahezu ganzjährig bewirtschaftet, Montag und Dienstag Ruhetag; Tel. 08665/483, www.forsthaus-adlgass.de
Mehrere Gasthäuser (z. B. **Hirschbichler, Kienberg**), Hotels und Pensionen in Inzell

Rund um Mittersee und Lödensee

Der flache Winterwanderweg am Mittersee

Das Dreiseengebiet zwischen Ruhpolding und Reit im Winkl ist im Sommer ein großer Anziehungspunkt. Aber auch im Winter zieht es viele Ausflügler dorthin; denn wenn anderswo der Schnee schon knapp ist, wird man hier noch fündig.

Ob seiner schattigen Lage am Fuß von Lemberg und Dürrnbachhorn hat sich das kleine Gebiet einen putzigen Namen verdient: „Klein-Kanada". Natürlich ist der Vergleich verwegen, aber ein bisschen aufgehübscht wurde in der Sprache des Tourismus schon immer. Fernab der nächsten Siedlungen und mitten in einem Naturschutzgebiet hat es sich seine Ursprünglichkeit erhalten können. Es gibt keine Gasthäuser in der Nähe, doch auf eine Einkehr müssen wir trotzdem nicht verzichten: Die Mitterseehütte am Nordufer des gleichnamigen Sees ist im Winter geöffnet. Dank ihrer günstigen Lage bekommen wir auch Sonne ab: Sie verfügt über eine kleine, nach Süden gerichtete Terrasse. Es gibt Kaffee und Kuchen sowie Suppen und Brotzeit.

Die Seen-Route

Wir haben drei Einstiegsmöglichkeiten in die Rundtour: an den Wanderparkplätzen Lödensee, Mittersee oder Weitsee. Wir beginnen unsere Winterwanderung am Wanderparkparkplatz Weitsee, am Ostende des gleichnamigen Sees. Wir queren die Straße und folgen dieser ein kurzes Stück in Richtung Seegatterl. Bald führt ein Weg hinab zum Weitsee. Wir passieren einen längeren Steg und folgen dann den Wegspuren in Ufernähe in Richtung Süden, bis wir den breiten und geräumten Wirtschaftsweg erreichen. Auf diesem geht es links weiter bis zum Wanderparkplatz Mittersee. Auf der anderen Seite des Parkplatzes unterqueren wir die Deutsche Alpenstraße durch einen Tunnel und erreichen so die Westseite des Mittersee. Ab hier sind wir sicher nicht mehr allein auf unserer Route, denn auch zahlreiche Langläufer haben das Gebiet für sich entdeckt. Wir halten uns nun rechts und folgen dem ausgeschilderten, gewalzten Winterwanderweg, der parallel zu den Loipen verläuft. Nach dem Mittersee gelangen wir zum Lödensee (dort geht es rechts durch einen Tunnel zum dritten Wanderparkplatz). Unsere Route wendet sich nun nach links und in einem großen Rechts-/Linksbogen erreichen wir wieder den Bergfuß des Kienbergs und damit auch den breiten Wanderweg, der an diesem Berg entlangführt. Wir folgen links dem gewalzten Weg zur Mitterseehütte. Eine kurze oder auch längere Einkehr ist hier quasi obligatorisch. Anschließend wandern wir weiter in südwestlicher Richtung, bis wir wieder unseren Ausgangspunkt erreichen.

Varianten

Unsere Rundwanderung um die Seen könne wir an zwei Stellen abkürzen: Die erste Abkürzung leitet uns schon kurz nach dem Einstieg in die Route vom Weitsee links weg über die verschneite Wiese (Fußspuren sind quasi immer vorhanden) zum Wirtschaftsweg, der uns zum Wanderparkplatz Mittersee leitet; die zweite Abkürzung führt am Westrand entlang der Loipenspuren links hinüber zum Bergfuß des Seehauser Kienbergs; dort können wir rechts weitergehen und erreichen so schon bald die Mitterseehütte.

Und nach der Tour

Auf der Rückfahrt könnten wir noch in Ruhpolding eine kleine Runde drehen und in der ein oder anderen Gaststätte einkehren. Falls uns dann noch nach weiteren Aktivitäten gelüstet, sind wir in der „Vita Alpina" gut aufgehoben. Dort gibt es einen Wellenbad und ein Thermal-Außenbecken.

 ## TOURISTINFO

Tourist-Information Ruhpolding,
Bahnhofstraße 8, 83324 Ruhpolding,
Tel. 08663/88 060, www.ruhpolding.de

KARTENHINWEIS
Topographische Karte 1:50 000 Blatt „Chiemsee – Chiemgauer Alpen" (LDBV)

 ## ANFAHRT
Mit dem Auto: Auf der Salzburger Autobahn (A8) bis zur Ausfahrt Siegsdorf, dann über Ruhpolding und dem Weiler Laubau zu den Wanderparkplätzen entlang der Deutschen Alpenstraße.
Mit Bahn & Bus: Mit der Bahn auf der Strecke München – Salzburg bis Traunstein, dort umsteigen in den Regionalzug nach Ruhpolding. Von dort geht es mit dem RVO-Bus weiter in Richtung Reit im Winkl. Aussteigen gegenüber dem Parkplatz Weitsee.

 ## AUSGANGSPUNKTE
Wanderparkplätze (750 m) Lödensee, Mittersee und Weitsee. Wir starten am Weitsee.

ANFORDERUNG
Leicht. Überwiegend Wirtschaftswege, jedoch auch einige Abschnitte auf Wanderwegen bzw. auf Pfadspuren entlang der Loipen. Dieser Winterwanderweg rund um Mittersee und Lödensee ist präpariert; die Verlängerung im Bereich des Weitsees erfolgt zum Teil auf Fußspuren und einem Stück Wirtschaftsweg.

 ## HÖHENUNTERSCHIED
Nur geringe Steigungen bzw. Gefälle;
80 Hm im Auf- wie im Abstieg

 ## GEHZEITEN
Vom Wanderparkplatz Weitsee zur Mitterseehütte 1 ½ Std., Rückkehr zum Wanderparkplatz ½ Std., **Gesamtgehzeit: 2 Std.**

 ## AUSRÜSTUNG
Teleskopstöcke und Winter- bzw. Trekkingschuhe

 ## EINKEHR & ÜBERNACHTUNG
Mitterseehütte (760 m), privat, tagsüber bewirtschaftet von Dezember bis Ostern
Gasthäuser, Pensionen und Hotels in Ruhpolding und in Reit im Winkl

Durch eine verschneite Almlandschaft zur Wildalm

Eine der vielen Einkehrmöglichkeiten auf der Winklmoosalm

Die Winklmoosalm ist selbst in schneearmen Wintern ein letzter Zufluchtsort von Winterwanderern, Langläufern, Schneeschuhgehern und Alpinskifahrern. Dank ihrer hohen Lage kann man bis Ostern noch mit winterlichen Verhältnissen rechnen. Seit einigen Jahren ist diese Hochfläche im Winter auch mit einer Kleinkabinenbahn erreichbar. Da die Auffahrt über den Sondersberg erfolgt und wir das letzte Stück hinabschweben zur Winklmoosalm, genießen wir schon bei der Auffahrt einen grandiosen Überblick über die gesamte Winklmoosalm, einen Fernblick auf die Berchtesgadener Alpen und das sich links erhebende Dürrnbachhorn. Wir können auch noch direkt von Bergstation loswandern. Und wenn wir den Pistenbetrieb hinter uns gelassen haben, wird es nahezu einsam, auch wenn wir ab und zu einem Langläufer begegnen. Besonders reizvoll ist dieser Besuch bei Neuschnee, wenn wir innerhalb kurzer Zeit in eine großartige Winterlandschaft mit schneebedeckten Bäumen ein-

tauchen können. Unser Wanderziel ist dabei die einsam gelegene Wildalm im westlichen Heutal. Neben einer Alpenvereinshütte, in der wir auch übernachten könnten, finden wir weitere Berggaststätten mit Außenbereichen, in der wir der Wintersonne frönen können. Natürlich müssen wir aufpassen, dass wir nicht zu spät losgehen, denn nur die Kabinenbahn bringt uns wieder ins Tal, ansonsten müssten wir den langen „Hatscher" auf der Mautstraße auf uns nehmen.

Von der Winklmoosalm zur Wildalm

An der Bergstation der Kabinenbahn halten wir uns zunächst links (wir könnten die beiden oberhalb gelegenen Berggaststätten auch auslassen, indem wir rechts parallel zur Loipenspur hoch zu einem Stadl steigen) und wandern bzw. nutzen das kurze Förderband (der sogenannte Zauberteppich) hinauf zum Almstüberl, wo uns die erste Einkehrmöglichkeit erwartet. Zur Einstimmung könnten wir uns schon mal einen heißen

Tee organisieren und dann den Blick schweifen lassen. Links und rechts von der Steinplatte sehen wir die steil abbrechenden Felsen der Loferer Steinberge. Anschließend folgen wir dem gewalzten Weg hinter der Berggaststätte, passieren die Sonnenalm und folgen dahinter dem breiten Weg. Von rechts führt die Loipen herauf und auf gemeinsamer Strecke halten wir auf eine Wegverzweigung zu. Dort sehen wir auch die ersten Wegweiser. Wir halten uns nun links und wandern auf dem gewalzten „Landweg" leicht fallend in eine kleine Senke und direkt auf den Waldrand zu. Eine Schranke zeigt uns an, dass wir hier österreichisches Gebiet betreten. Leicht ansteigend steigen wir durch einen schönen Winterwald. Gelegentlich trabt ein Langläufer vorbei. Nach gut einer halben Stunde zweigt links der Anstiegsweg zur Wildalm ab, der natürlich ausgeschildert ist. Unser Weg steigt nun an; wir treffen dann auf einen quer führenden Forstweg, dem wir nach rechts folgen. Er leitet uns nun im Auf und Ab durch den bewaldeten Südhang des Hochgimpling. Nach einer Linksbiegung treten wir aus den Wald heraus, queren die Trasse eines Schlepplifts und eine Skipiste und erreichen so die Wildalm,

die sich hoch über dem Heutal befindet. In der kleinen und meist gut besuchten, gemütlichen Hütte lassen wir es uns gut gehen. Angeboten werden neben den üblichen Brotzeiten auch diverse Suppen und einige Hauptgerichte. Für die Leckermäuler gibt es sogar Kaiserschmarrn.
Die Rückkehr erfolgt auf dem Anstiegsweg.

Variante für den Rückweg

Falls wir einen ganzen Tag auf der Winklmoosalm verbringen möchten, können wir für den Rückweg die Variante zur Muckklause einbauen. Kurz nachdem wir beim Abstieg von der Wildalm wieder den „Landweg" erreicht haben, folgen wir diesem ein kurzes Stück auf dem Herweg, bis wir links eine große Holzhütte erkennen, das ist die Möserer Stube, eine alte Holzfällerstube. Dort zweigt links ein breiter Forstweg ab, dem wir nun folgen. Er dient im Winter auch als Loipenstrecke. Wir wandern durch (hoffentlich) reizvoll verschneiten Wald und steigen über einige Kehren leicht an. Am höchsten Punkt sehen wir dann die Ausschilderung zur Muckklause. Unser Wanderweg führt uns nun von dem breiten Forstweg weg und hinab in den Bacheinschnitt (im Winter

KARTENHINWEIS Topographische Karte 1:50 000 Blatt „Chiemsee – Chiemgauer Alpen" (LDBV)

Auf dem „Zauberteppich" von der Bergstation der Winklmoosalm zum Almstüberl

ist er natürlich trocken), in dem sich die Klause befindet. Auf den ersten Blick sieht sie wie eine überdachte Brücke aus, diente jedoch zum Stauen des Wassers. Anschließend gehen wir wieder zur Forststraße und folgen dieser links haltend weiter, bis wir nach Durchwanderung einer Einsenkung auf eine quer führende Forststraße/Loipe treffen. Dieser folgen wir rechts und erreichen wieder unseren Ausgangspunkt auf der Winklmoosalm mit der Bergstation der Kabinenbahn.

 ## TOURISTINFO

Touristinformation Reit im Winkl,
Dorfstraße 38, 83242 Reit im Winkl,
Tel. 08640/80020, www.reit-im-winkl.de

ANFAHRT

Mit dem Auto: Auf der Salzburger Autobahn (A8) bis zur Ausfahrt Siegsdorf, dann über Ruhpolding und dem Weiler Laubau zum Wanderparkplatz Seegatterl an der Deutschen Alpenstraße. Die Auffahrt zur Winklmoosalm erfolgt mit der Kleinkabinenbahn.

Mit Bahn & Bus: Mit der Bahn von München über Traunstein zum Bahnhof Ruhpolding. Von dort geht es mit dem RVO-Bus weiter in Richtung Reit im Winkl; Ausstieg bei der Haltestelle Seegatterl.

 ## BERGBAHN

Die Winklmoosbahn, eine Kleinkabinenbahn, fährt vom Großparkplatz Seegatterl hinauf zur Winklmoosalm. Betriebszeiten von 8.30 bis 16.30 Uhr, ab Mitte Februar bis 17 Uhr. – Diese Bergbahn ist nur im Winter in Betrieb (ca. von 20. Dezember bis Ostern); während dieser Zeit gibt es keinen Pendelbusbetrieb.

 ## AUSGANGSPUNKT

Bergstation Winklmoosalm (1150 m)

ANFORDERUNG

Leichte Wanderung auf gewalzten bzw. präparierten Wirtschaftswegen und leichten Bergwanderwegen

 ## HÖHENUNTERSCHIED

Von der Bergstation zur Wildalm etwa 300 Hm im Anstieg wie im Abstieg

⏳ GEHZEITEN

Von der Bergstation zur Wildalm 1½ Std., Rückkehr über den Anstiegsweg zur Winklmoosalm 1¼ Std., **Gesamtgehzeit: 2¾ Std.**

✂ AUSRÜSTUNG

Normale Winterausrüstung. Teleskopstöcke sind hilfreich, ebenso Gamaschen. Bei hoher Neuschneedecke ist hier der Einsatz von Schneeschuhen durchaus sinnvoll.

🏠 EINKEHR & ÜBERNACHTUNG

Traunsteiner Hütte (1160 m), Alpenvereinshütte, ganzjährig bewirtschaftet, November ist Betriebsruhe, 4 Betten, 30 Lagerplätze, Tel. 08640/81 40, www.traunsteinerhuette-winklmoosalm.de

Hotel-Alpengasthof Winklmoosalm (1183 m), nahezu ganzjährig bewirtschaftet, Tel. 08640/97 440, www.winklmoosalm.com

Alpengasthof Sonnenalm (1170 m), nahezu ganzjährig bewirtschaftet, Tel. 08640/79 720, www.sonnenalm.de

Berggasthaus Almstüberl (1170 m), nahezu ganzjährig bewirtschaftet, Tel. 08640/86 16, www.almstueberl.de

Wildalm (1260 m), nahezu ganzjährig bewirtschaftet, Tel. +43/681/20 65 56 82, www.wildalm-heutal.at

🔭 SEHENSWERTES

Falls wir Zeit haben und uns die Schneemassen keinen Strich durch die Rechnung machen, können wir auf unserer Wanderung einen Schlenker zur Muckklause einlegen. Aufgrund der Salinenkonvention von 1829 – übrigens der älteste noch gültige Staatsvertrag in Europa – besitzt der Freistaat Bayern ein großes Waldgebiet auf österreichischem Boden. An der Muckklause auf der Winklmoosalm wurde früher Holz ins Tal gedriftet. Die sehenswerte Anlage wurde vor ein paar Jahren wiederhergestellt.

Mit der Winklmoosbahn hinauf ins Winterparadies

Verlaufen kaum möglich ...

Eine leichte Talwanderung bei Reit im Winkl

Das Dörfchen Sachrang vor der Kulisse des Unternberghorns

Reit im Winkl gilt als kleines „Schneeloch", doch das hat sich in den letzten Jahren geändert. In manchen Wintern gibt es Schnee, ich manchen wenig oder gar keinen. Als relativ sichere Monate für diesen ausgewiesenen Weg können die Monate Dezember bis Februar gelten. Falls die Schneelage „bescheiden" ist – schließlich verläuft dieser Winterwanderweg im Talbereich – haben wir noch einen Trumpf anzubieten: den zweiten Premium-Winterwanderweg auf der Hemmersuppenalm (siehe dazu die Winterspecials im Anhang dieses Buches).

Blickfang auf dieser Runde ist natürlich das winterlich verschneite Kaisergebirge, der diesem Winterwanderweg auch den Namen geliehen hat. Reizvoll ist aber auch der Ort Reit im Winkl selbst, denn trotz des Tourismus hat er mit seinen regionaltypischen Häusern sowie seinen jahrhundertealten Bauernhöfen seinen dörflichen Charme bewahren können.

Der Rundweg

Vom Parkplatz beim Langlaufstadium wandern wir zunächst leicht fallend in Richtung Kössen durch verschneite Wiesen zum Auwald. Dort stoßen wir auf eine Straße. Nur wenige Meter entfernt befindet sich die Grenze zu Tirol. Wir queren nun links haltend auf einer Brücke die Lofer und folgen erneut links dem gewalzten Winterwanderweg, den wir schon aufgrund der Wegweiser nicht verpassen können. Wir wandern nun der Lofer flussaufwärts folgend durch schönen Auwald zum Ortsteil Groißenbach, der sich auf der anderen Seite des Baches befindet und durch den Auwald abgeschirmt ist. Wir queren die Lofer erneut und verlassen dann den Wald. Anschließend passieren wir die deutsche Alpenstraße und folgen dem Weg parallel zu dieser ein Stück, bis er im rechten Winkel nach links abbiegt und durch Wiesen direkt auf den Ortsteil Entfelden zusteuert. Dort ist der zweite Wendepunkt der Tour. Parallel zur

B305 geht es in Richtung Dorfzentrum. Vorbei an der Tourismus-Information erreichen wir die Deutsche Alpenstraße, die wir erneut queren; kurz dahinter führt der Weg in einem Rechts-, dann einem Linksbogen zurück zum Ausgangspunkt am Langlaufstadion.

Variante für den Rückweg

Falls wir nicht die ganze Runde laufen wollen, können wir bei der Querung der Deutschen Alpenstraße links den Weg zurück in den Ort einschlagen.

 TOURISTINFO

Touristinformation Reit im Winkl, Dorfstraße 38, 83242 Reit im Winkl, Tel. 08640/80020, www.reitimwinkl.de

ANFAHRT

Mit dem Auto: Auf der Salzburger Autobahn (A8) bis zur Ausfahrt Bernau, dann über die B305 über Marquartstein, Unter- und Oberwössen nach Reit im Winkl. In der Ortsmitte folgen wir der Tiroler Straße in Richtung Kössen, bis links die Zufahrtsstraße zum Langlaufstadion abzweigt, das sich am südwestlichen Ortsrand befindet.
Mit Bahn & Bus: Mit der Bahn auf der Strecke München – Salzburg bis Bernau; von dort mit dem RVO-Bus über Marquartstein und Unterwössen nach Reit im Winkl.

AUSGANGSPUNKT

Parkplatz am Langlaufstadion in Reit im Winkl (690 m)

ANFORDERUNG

Leichte Wanderwege und Sträßchen. Die Strecke ist geräumt bzw. gewalzt und durchgehend mit blau-weißen Wandertafeln ausgeschildert.

 HÖHENUNTERSCHIED

60 Hm im Auf- wie im Abstieg

 GEHZEITEN

Vom Wanderparkplatz zum Auwald ½ Std., Weiterweg nach Entfelden 1 Std., Rückkehr zum Ausgangspunkt ½ Std., **Gesamtgehzeit: 2 Std.**

EINKEHR & ÜBERNACHTUNG

Entlang der Route keine, aber zahlreiche Möglichkeiten in Reit im Winkl. Hotels, Gasthöfe und Restaurants (z. B. das Restaurant Dorftratsch, die Milchbar, die Zirbelstube und das Hotel Unterwirt). Es gibt auch zahlreiche Gästehäuser und Ferienappartements, die unseren Aufenthalt zu einem Erlebnis machen.

 SEHENSWERTES

Für einen längeren Aufenthalt bietet sich ein Abstecher nach Kössen im Tirolerischen, die Auffahrt zur Winklmoosalm oder ein Besuch der Hindenburghütte an, die vom nahen Ortsteil Blindau mit einem Pendelbus erreicht werden kann.

KARTENHINWEIS
Topographische Karte 1:50000 Blatt „Chiemsee – Chiemgauer Alpen" (LDBV)

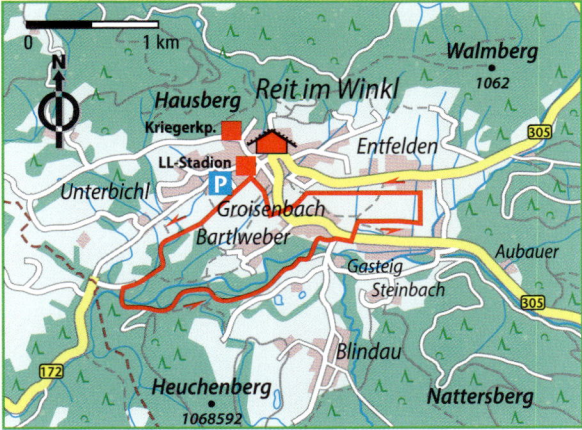

Durch schneebedecktem Wald zu einer Almbrotzeit

Die Feldlahnalm mit südwärts gerichteter Terrasse

Die dicht bewaldeten Berge östlich von Oberwössen sind normalerweise Wanderziele, die in keinem Tourenverzeichnis fehlen dürfen, falls wir ruhige und nicht überlaufene Routen schätzen. Wer eine kurze, aber schöne Wanderung für Winter wie Sommer sucht, wird hier fündig. Denn die Feldlahn-Alm oberhalb von Oberwössen ist ganzjährig bewirtschaftet. Auf der Terrasse können wir auch im Winter Sonne tanken, sofern es die Temperaturen zulassen. Und wenn es kalt und zugig ist, erwartet uns in der guten Stube ein wärmender Schwedenofen.

Der Anstieg auf dem Forstweg

Am Wanderparkplatz Hammerergraben können wir uns an den aufgestellten Wandertafeln orientieren, bevor wir unseren Aufstieg beginnen. Je nach Wetter- und Schneeverhältnissen nehmen wir den Forstweg oder die Route durch den Hammerergraben. Beide Routen sind etwa gleich lang. Wir ziehen den Forstweg vor, halten uns bei den

Infotafeln rechts und folgen dem geteerten Weg bergwärts. Zunächst geht es durch freies Gelände, dann zieht der Weg in steilen Kurven durch Wald bergan. Wir erreichen ein kleines Wirtschaftsgebäude, wo der Teerweg auch endet. Der breite Weg führt oberhalb des Hammerergrabens leicht ansteigend in gerader Linie durch den schattigen Wald. Bei der ersten Abzweigung nach links (gut ausgeschildert) steigen wir leicht abwärts und folgen weiterhin einem Forstweg, bis wir rechts hinter den Bäumen versteckt die Feldlahn-Alm erblicken. Bald können wir auf der nach Süden und Osten ausgerichteten Terrasse Platz nehmen. Es gibt einige warme Gerichte und Brotzeiten.

Der Abstieg durch den Hammerergraben

Direkt von der Hütte folgen wir dem breiten Weg weiter, bis nach wenigen Minuten unser Abstiegsweg nach links in den Hammerergraben weist. Der Abstieg erfolgt nun auf der rechten Bachseite, nahe am Bachgraben, durch schattigen Wald. Der vorerst noch breite Wanderweg endet an einer quer führenden Forststraße. Wir queren diese und wandern in gerader Linie weiter. Ein kurzes Stück unseres Weges verläuft nun auf einem schmalen Wanderpfad, direkt am Bachgraben entlang. Achtung bei Vereisung! Der Weg wird bald wieder breiter, führt jedoch weiter durch die enge Schlucht. Das Wasser, falls es fließt, muss über einige Katarakte zu Tal fließen. Im Winter bilden sich hier zahlreiche Eisgebilde. Einige kleine

DER RODEL-TIPP

Der Anstiegsweg zur Feldlahn-Alm (nicht der Abstiegsweg) eignet sich auch gut als Rodelstrecke; bevorzugt aber im Hochwinter, denn der untere Teil ist geteert und apert daher relativ schnell aus.

Brücken sind zu queren, bis wir den Hammerergraben verlassen. Gegen Ende passieren wir eine Brücke nach links und wandern dann geradeaus auf breitem Weg hinab zum Wanderparkplatz.

Variante für den Rückweg

Nach dem Abstieg von der Feldlahn-Alm auf der anderen Talseite stoßen wir bald auf eine quer führende Forststraße. Falls wir nicht der Hauptroute am Bach entlang weiter folgen wollen, da zu Beginn ein sehr schmaler, je nach Verhältnissen etwas heikler Pfad zu begehen ist, können wir hier links zu unserem Anstiegsweg gelangen und auf diesem wieder unseren Ausgangspunkt erreichen.

 ## TOURISTINFO

Verkehrsverein Oberwössen, Hellenstallweg 3, 83246 Oberwössen, Tel. 08640/14 72 oder Tourist-Information Unterwössen, Hauptstr. 71, 83246 Unterwössen, Tel. 08641/59 79 10, www.achental.com/de

ANFAHRT

Mit dem Auto: Auf der Salzburger Autobahn (A8) bis zur Ausfahrt Bernau, dann über Marquartstein nach Oberwössen. Kurz davor, im Ortsteil Brem, zweigt das Zufahrtssträßchen „Hammerergraben" ab, das uns zum Wanderparkplatz am Ende der öffentlichen Straße leitet. Falls dieser bereits voll ist, können wir den Wanderparkplatz nehmen, den wir bei der Anfahrt passieren.
Mit Bahn & Bus: Mit der Bahn auf der Strecke München – Salzburg bis Bernau; von dort weiter mit dem Oberbayernbus in Richtung Reit im Winkl bis zur Haltestelle Oberwössen.

 ## AUSGANGSPUNKT

Waldparkplatz Hammerergraben (660 m) oberhalb von Oberwössen

 ## ANFORDERUNG

Zu Beginn geteerte Wirtschaftswege, dann unbefestigt. Die Abstiegsvariante verläuft zu Beginn auf breitem Bergwanderweg; eine kurze Passage auf Bergsteig; dann wieder breiter Ziehweg bzw. Wirtschaftsweg.

 ## GEHZEITEN

Vom Waldparkplatz Hammerergraben zur Feldlahn-Alm 1¼ Std., Rückkehr zum Ausgangspunkt 1 Std., **Gesamtgehzeit:** knapp 2¼ Std. Die Variante ist nur unwesentlich kürzer.

 ## AUSRÜSTUNG

Teleskopstöcke sind ausreichend.

 ## EINKEHR & ÜBERNACHTUNG

Feldlahn-Alm (1000 m), bewirtschaftet von Anfang November bis Ende April an den Wochenenden, über die Weihnachts- und Osterferien täglich, Info-Tafeln am Ausgangspunkt, Tel. 0176/73 30 76 61, www.feldlahnalm.de
In Oberwössen gibt es keinen Gasthof mehr, aber Quartiere in Unterwössen und Marquartstein.

Für Winterwanderer, Rodler und Schneeschuhwanderer

Blick über das Schlechinger und Wössener Tal hinweg zum Kaisergebirge

Die Chiemgauer werden auch im Winter mit reizvollen Einkehrzielen verwöhnt. Die Traunsteiner Hütte auf der Winklmoosalm, die Priener Hütte, das Spitzsteinhaus sowie einige Almen sind auch im Winter geöffnet. Wie eben auch das Hochgernhaus. Hier treffen sich Winterwanderer, Skitourengeher und Schneeschuhwanderer am warmen Kachelofen in der Stube. Vor allem im Winter ist bei schönem Wetter das Panorama, das wir bei Glühwein oder Jagertee genießen können, unvergleichlich. Viele Hütten in den bayerischen Alpen bieten im Winter keine Übernachtungsmöglichkeiten an – das Hochgernhaus macht zu unserer Freude eine Ausnahme.

Der Anstieg zur Agergschwendalm
Vom Wanderparkplatz oberhalb von Marquartstein folgen wir dem ausgeschilderten Wirtschaftsweg durch Wald in Richtung Hochgernhaus. Wir kürzen dabei die folgende weite Kehre auf einem Hohlweg ab (jedoch nur, wenn keine Rodler unterwegs sind, also bei knapper Schneelage), dann queren wir den Forstweg, der von Unterwössen heraufführt. Weiter geht es auf dem nur mäßig steilen Hohlweg, dann stoßen wir wie-

DER RODEL-TIPP
Bei guter Schneelage sollten wir auch den Schlitten mitnehmen, ihn jedoch bei der Agergschwendalm zurücklassen. Von dort ist die Abfahrt leicht, das heißt Geübte (Hohlwegstrecke) wie auch Anfänger (Forstweg) kommen auf ihre Kosten. Leider apert die Strecke aufgrund der niedrigen Lage und der Südexposition schnell aus.

der auf den bereits erwähnten Forstweg und folgen diesem nach rechts. Bei der folgenden Wegverzweigung halten wir uns links. Es folgt ein steiles Wegstück. Bei der nächsten Weggabelung nehmen wir den rechten Abzweig und erreichen nach einer weiteren Viertelstunde Gehzeit die in freier Südlage befindliche Agergschwendalm. Hier können wir innehalten und auf der Terrasse die Wangen in die Wintersonne halten. Wir werden sicherlich nicht allein sein, denn ein Großteil der Winterwanderer macht hier nach der Einkehr kehrt und strebt wieder ins Tal hinab (zu Fuß oder mit dem Rodel).

Der Weiterweg zum Hochgernhaus

Nach einer wärmenden heißen Suppe nehmen wir also den zweiten Abschnitt unserer Winterwanderung unter die Füße. Wir gehen links am Almgebäude vorbei und folgen dem breit ausgetretenen Wirtschaftsweg bergan, der uns zuerst durch schattigen Wald hinauf zur Wegverzweigung bei der Bergwachthütte leitet, die wir nach etwa zwei Drittel des Anstiegsweges erreichen. Dort halten wir uns links und steigen in steilen Kehren bergan. Das Gelände wird nun freier und wir genießen den weiten Blick ins Priental. Bald ist dann das Hochgernhaus erreicht. Es bietet sich als hervorragendes Winterwanderziel auch deshalb an, weil der Zustieg zu dieser Privathütte nicht lawinengefährdet ist. Zudem verfügt die Hütte über eine ausgezeichnete Südlage, sodass wir bei Wintersonne auch auf der Terrasse sitzen können.

Der Abstecher zum Hochgern

Falls wir unsere Tour rechtzeitig gestartet haben oder eine Winternacht auf dem Hochgernhaus verbracht haben, können wir als Dreingabe den Anstieg zum Gipfel einplanen. Für Unerfahrene ist dieser allerdings nicht ratsam, da Orientierungsprobleme auftreten können, falls nicht bereits ordentlich gespurt ist – was aber nur selten der Fall ist.

KARTENHINWEIS
Topographische Karte 1:50 000 Blatt
„Chiemsee – Chiemgauer Alpen" (LDBV)

Ein kaltes Bier, ein warmer Ofen – im Hochgernhaus

Vom Hochgernhaus folgen wir zunächst den bergwärts führenden Trittspuren, die unter dem Hochlerch dann nahezu eben in östlicher Richtung führen. Dieser Abschnitte ist bedingt lawinengefährlich (also vorher auf der Hütte unbedingt Erkundungen einziehen, ob eine Tour auf den Gipfel ohne Gefahr möglich ist). So erreichen wir den freien Westkamm des Hochgern. Rechts sehen wir bereits den Gipfel aufragen. Wir halten uns rechts und wandern langsam bergan. In einem weiten Linksbogen umgehen wir eine große Mulde und steigen dann den westlichen Gipfelhang hinauf. Mit einigen Kehren überwinden wir das letzte steile Stück zum Doppelgipfel des Hochgern – den ersten schmückt ein Gipfelkreuz, den zweiten eine kleine Gipfelkapelle.

TOURISTINFO

Tourist-Information Marquartstein, Rathausplatz 1, 83250 Marquartstein, Tel. 08641/597 91 11, ab Mitte Januar nur vormittags geöffnet, Mittwoch/Donnerstag geschlossen, www.marquartstein.de/de/poi/touristinfo-35922

ANFAHRT

Mit dem Auto: Auf der Salzburger Autobahn (A8) bis zur Ausfahrt Grabenstätt bzw. Bernau, dann auf der Staatsstraße bzw. der B305 über Grassau nach Marquartstein; in der Ortsmitte links, vorbei an der Schlossgaststätte hinauf zum Wanderparkplatz.

Kurz vor dem Hochgernhaus – die letzten Meter bis zur gemütlichen Einkehr

Mit Bahn & Bus: Mit der DB bis Prien oder Bernau, dann mit dem RVO-Bus nach Marquartstein-Ortsmitte (von der Bushaltestelle sind es noch 10 Minuten zu Fuß zum Ausgangspunkt).

 AUSGANGSPUNKT

Wanderparkplatz oberhalb von Marquartstein (620 m)

ANFORDERUNG

Meist geräumter Wirtschaftsweg bis zur Agergschwendalm. Der Weiterweg zum Hochgernhaus erfolgt in der Regel auf gewalzter Piste. Dafür sollten wir aber auch eine gute Kondition mitbringen, früh starten oder eine Übernachtung einplanen, da die Tage im Winter kurz sind. Die Mitnahme von Schlitten ist nur bis zur Agergschwendalm empfehlenswert, danach ist es zu steil. Zum Gipfel führen dann nur noch Fußspuren (hier ist der Einsatz von Schneeschuhen sehr empfehlenswert; ganz sicher aber brauchen wir Gamaschen).

Das Hochgernhaus im Winterkleid

1 ½ Std., Abstieg ins Tal 2 Std., **Gesamtgehzeit:** 5 ¼ Std. (plus 1 ½ Std. für den Gipfel)

 AUSRÜSTUNG

Winterstiefel mit Profilsohle und Teleskopskistöcke. Für den Weiterweg zum Hochgernhaus sind Grödeln empfehlenswert, falls die Strecke zu Vereisung neigt. Für den Gipfelanstieg sind Gamaschen und evtl. auch Schneeschuhe von Vorteil.

 EINKEHR & ÜBERNACHTUNG

Agergschwendalm (1020 m), im Winter nur an den Wochenenden bewirtschaftet, über die Weihnachtsferien durchgehend, Tel. 08641/88 17
Hochgernhaus (1510 m), ganzjährig bewirtschaftet, im Winter kann aber bei schlechtem Wetter geschlossen sein (am Ausgangspunkt finden sich Hinweistafeln zu den Öffnungszeiten), 15 Betten, 20 Lagerplätze, Tel. 08641/692 92 83, www.hochgernhaus.de

 ANFORDERUNG

Meist geräumter Wirtschaftsweg bis zur Agergschwendalm. Der Weiterweg zum Hochgernhaus erfolgt in der Regel auf gewalzter Piste. Dafür sollten wir aber auch eine gute Kondition mitbringen, früh starten oder eine Übernachtung einplanen, da die Tage im Winter kurz sind. Die Mitnahme von Schlitten ist nur bis zur Agergschwendalm empfehlenswert, danach ist es zu steil. Zum Gipfel führen dann nur mehr Fußspuren (hier ist der Einsatz von Schneeschuhen sehr empfehlenswert; ganz sicher aber brauchen wir Gamaschen).

 HÖHENUNTERSCHIED

Bis zum Hochgernhaus 900 Hm, Weiterweg zum Hochgern plus 240 Hm

GEHZEITEN

Anstieg zur Agergschwendalm 1 ½ Std., Weiterweg zum Hochgernhaus 1 ¾ Std., Gipfelabstecher

Der Winterklassiker mit Gipfelabstecher

Bei der kleinen Kapelle am Gipfel des Spitzsteins

Auf dieser beliebten Winterwanderung besuchen wir eine der wenigen ganzjährig bewirtschafteten Alpenvereinshütten in den bayerischen Alpen. Bei schönem Wetter ist der Ausblick von der Hütte in Richtung Wilder Kaiser genauso spektakulär wie in den „guten alten Zeiten". Da es eine windgeschützte Terrasse gibt, können wir den Ausblick bis in die Zentralalpen genießen und vielleicht sogar ein paar winterliche Sonnenstrahlen abbekommen. Für einen Rundumblick müssen wir allerdings noch ein bisschen Energie investieren. Und so steigen wir nach der ersten kurzen Einkehr hinauf zum Spitzstein, dem einzigen Hüttenberg.

Von Sachrang zum Spitzsteinhaus

Der Anstieg startet am hinteren Ortsende, wo sich ein Wanderparkplatz befindet. Dort führt rechter Hand (von der Ortsmitte aus gesehen) ein ausgeschilderter Forstweg („Spitzstein") ab. Diesem folgen wir am Bach entlang in den Wald hinein. Bald zweigt rechts der schmale Weg nach Mitterleiten (883 m) ab, dem wir nun folgen. Es geht über einen freien Hang hinauf, dann treffen wir auf das Sträßchen, das von Sachrang heraufführt. Auf diesem geht es etwa 100 Meter geradeaus weiter, dann wandern wir auf gespurtem Weg über Bergwiesen und durch Wald zur Steinmoosalm hinauf und anschließend weiter zum Spitzsteinhaus. Dort erwartet uns eine frische und nach ökologischen Kriterien geführte Küche: Alles ist hausgemacht und die Produkte stammen aus regionaler Erzeugung. Der Vater des Hüttenwirts ist gelernter Koch und zaubert in der Küche neben den üblichen Brotzeiten und Suppen (auch Speckknödel- und Kaspresssuppen) Schweinekrustenbraten, Rinds- und manchmal auch Hirschgulasch. Die Kuchen sind natürlich selbstgemacht, und einen Kaiserschmarrn gibt es ebenfalls – Auswahl genug jedenfalls, um an kalten Wintertagen wieder Energie zu tanken. Wer dort oben übernachten will, findet auch ein Bett oder Lager (im Winter sollten wir dafür jedoch einen eigenen Schlafsack mitbringen, denn die Temperaturen sind eher niedrig).

Vom Spitzsteinhaus zum Spitzstein

Der Anstieg zum Spitzstein erfolgt über zunächst freies und steiles Gelände. In der Regel zeigt uns ein gespurter Fußweg (Wegtafeln) die Richtung über den freien Südhang, dann steigen wir – rechts von der auffälligen Schneise – in Kehren durch den lichten Wald hinauf zum Gipfel (1596 m) mit Kreuz und kleiner Kapelle. Hier oben sind der Aussicht keine Grenzen mehr gesetzt, denn der Gipfel ist ein Singulär. Aber Achtung: Auf drei Seiten bricht der „spitze Stein" steil ab.

Wie gut also, dass seine Südflanke auch im Winter den Zugang ermöglicht. Das Panorama reicht über die Chiemgauer und Berchtesgadener Alpen, das Karwendel, das Rofangebirge bis in die Zillertaler Alpen.

Die Rückkehr erfolgt dann auf dem Anstiegsweg. Dieses Mal dürfen wir natürlich ohne schlechtes Gewissen im Spitzsteinhaus einkehren – gerne darf es auch etwas „Deftiges" sein. Der weitere Abstieg ins Tal ist dann quasi ein Kinderspiel.

 TOURISTINFO

Tourist-Info Aschau & Sachrang, Kampenwandstraße 38, 83229 Aschau i. Ch., Tel. 08052/90 490, www.aschau.de

 **ANFAHRT**

Mit dem Auto: Auf der Salzburger Autobahn (A8) bis zur Ausfahrt Frasdorf, dann auf der Staatsstraße 2093 über Aschau nach Sachrang; gebührenpflich-

KARTENHINWEIS
Topographische Karte 1:50 000 Blatt „Chiemsee – Chiemgauer Alpen" (LDBV)

tiger Wanderparkplatz links der Staatsstraße. Oder im Ort vor der Brücke rechts, an der Kirche vorbei zum südlichen Ortsende (nach etwa 800 m); dort befinden sich zwei Parkplätze.
Mit Bahn & Bus: Mit der Bahn bis Prien; von dort mit der Chiemgau-Bahn bis Aschau, dann weiter mit dem RVO-Bus bis nach Sachrang (im Winter Busverbindung nur an Werktagen).

 AUSGANGSPUNKTE

Wanderparkplatz in Sachrang, links der Staatsstraße (738 m) bzw. die Parkplätze am südwestlichen Ortsende

 ANFORDERUNG

Zum Auftakt meist geräumter Forstweg, dann gespurter Bergwanderweg

 HÖHENUNTERSCHIED

Von Sachrang zum Spitzsteinhaus 600 Hm, der Gipfelabstecher erfordert weitere 260 Hm.

 GEHZEITEN

Von Sachrang über Mitterleiten zum Spitzsteinhaus 2¼ Std., Gipfelabstecher 2½ Std., Rückkehr nach Sachrang 1½ Std., **Gesamtgehzeit: 6¼ Std.**

 AUSRÜSTUNG

Teleskopstöcke und Spikes oder Grödeln, je nach Schneelage. Bei Neuschnee sind Gamaschen hilfreich. Bei viel Neuschnee sollten wir Schneeschuhe dabeihaben.

 EINKEHR & ÜBERNACHTUNG
Spitzsteinhaus (1335 m), Alpenvereinshaus, im Winterhalbjahr vom 26. Dezember bis Ostern bewirtschaftet, 28 Betten, 25 Lagerplätze, Tel. +43/53 73/83 30, www.spitzsteinhaus.info
Altkaseralm (1279 m), oberhalb vom Spitzsteinhaus, ganzjährig bewirtschaftet, Montag Ruhetag, Tel. +43/676/84 32/64 465, www.altkaseralm.at

VON SACHRANG AUF DEN GEIGELSTEIN

Eine Ganzjahreshütte und ein großartiger Aussichtsgipfel

Die Priener Hütte – auch im Winter ein Anziehungspunkt

Der Geigelstein ist zwar nicht der höchste Chiemgauer Gipfel, aber von seiner Form und seiner botanischen Vielfalt her nimmt er eine Sonderstellung ein. Er lässt sich von allen Seiten her ohne Schwierigkeit besteigen. Im Winter jedoch ist nur der Aufstieg von Sachrang empfehlenswert. Auch dient der Hüttenversorgungsweg, auf dem wir ansteigen, als Rodelbahn. Allerdings ist die Strecke nicht immer präpariert; lediglich das untere Drittel gilt als offizielle Rodelbahn. Die Priener Hütte, ein Alpenvereinshaus, steht uns nahezu ganzjährig als Stützpunkt zur Verfügung – im Winter für Skitourengeher, Winterwanderer und natürlich auch solche, die mit Schneeschuhen unterwegs sind. Und auch eine Übernachtung ist möglich. Doch auf Bergeinsamkeit dürfen wir nicht unbedingt hoffen: An schönen Tagen treffen wir dort oben auf Hunderte von Ausflüglern,

die alle dieselbe Sehnsucht teilen – einen herrlichen Tag in einer schönen Winterlandschaft zu verbringen.

Von Sachrang hinauf zur Priener Hütte

Vom Wanderparkplatz folgen wir dem ausgeschilderten („Priener Hütte") und präparierten Wirtschaftsweg bergan. Nach einer Anhöhe senkt sich der Weg wieder ab, dann treffen wir auf eine Diensthütte (hier mündet der von links kommende Wanderweg von Huben ein). Wir folgen weiter dem Wirtschaftsweg bergwärts; falls gespurt, können wir die Route bei der Talalm (1050 m) abkürzen. Durch Wald und durch Almböden steigen wir weiter an, streckenweise auch steil. Kurz vor dem Alpenvereinshaus müssen wir noch einen großen Schlenker nach rechts machen, dann ist das schützende Unterkunftshaus erreicht und wir können uns am Kachelofen mit einer heißen Suppe wärmen.

Der Aufstieg zum Geigelstein

Von der Priener Hütte wandern wir zunächst geradeaus und leicht ansteigend in Richtung Oberkaseralm. Dann steigen wir in einen Rechtsbogen hinauf zum Sattel zwischen Wandspitz und Geigelstein (Achtung: Hier nicht links weitergehen, denn sonst gelangen wir in geschütztes Gebiet, das die Population von Auerhahn und Schneehuhn im Winter schützen soll). Dort halten wir uns erneut rechts und steigen zunächst über freies Gelände, dann durch eine Latschengasse (hier müssen wir die Schneeschuhe abschnallen) hinauf zum Gipfel des Geigelsteins, den neben dem Gipfelkreuz auch eine kleine Kapelle schmückt. Dank seiner isolierten Lage erwartet uns dort oben ein überwältigendes Panorama.

Variante von Huben

Wer seine frisch erworbenen Schneeschuhe ausprobieren will, startet seine Tour in Huben. Dort führt ein Wanderweg durch Wald hinauf zum

Wirtschaftsweg, der von Sachrang heraufführt. Wer dann weiter durch Schnee will, folgt den Spuren, die parallel zum Hauptweg über die Böden der Talalm, Schreckalm, Sulzingalm und die Oberkaseralm in Richtung Geigelstein führt. Damit kürzen wir einige der weit ausholenden Kehren des Wirtschaftsweges ab. Wir können natürlich die Schneeschuhe abschnallen und erst wieder verwenden, wenn wir von der Priener Hütte aus den Geigelstein ansteuern wollen.

 ## TOURISTINFO

Tourist-Info Aschau & Sachrang, Kampenwandstraße 38, 83229 Aschau i. Ch., Tel. 08052/90 490, www.aschau.de

 ## ANFAHRT

Mit dem Auto: Auf der Salzburger Autobahn (A8) bis zur Ausfahrt Frasdorf, dann auf der Staatsstraße 2093 über Aschau nach Sachrang; geräumter Wanderparkplatz links der Staatsstraße. Oder bereits kurz hinter Innerwald, falls wir eine Schneeschuhtour planen, Wanderparkplatz links hinter der Brücke über die Prien.

KARTENHINWEIS
Topographische Karte 1:50 000 Blatt „Chiemsee – Chiemgauer Alpen" (LDBV)

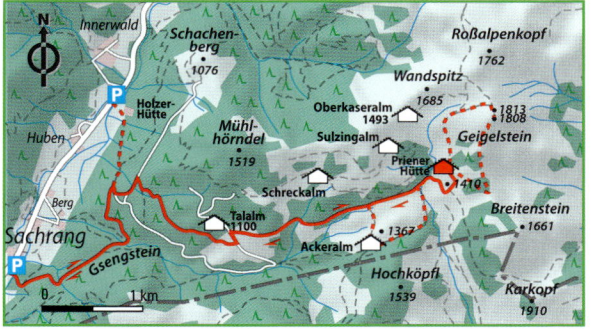

Mit Bahn & Bus: Mit der Bahn bis Prien; von dort mit der Chiemgau-Bahn bis Aschau, dann weiter mit dem RVO-Bus bis kurz hinter Innerwald bzw. nach Sachrang (im Winter Busverbindung nur an Werktagen).

 ## AUSGANGSPUNKT

Wanderparkplatz in Sachrang, links der Staatstraße bzw. 400 m hinter Huben (720 m)

 ## ANFORDERUNG

Leichte, aber lange Winterwanderung, überwiegend auf geräumtem bzw. gewalztem Wirtschaftsweg bis zur Priener Hütte. Der Anstieg zum Geigelstein erfolgt auf Trittspuren. Bei hoher Schneelage ab Alpenvereinshütte mit Schneeschuhen gehen und den Gipfel in weitem Linksbogen umgehen (da leichte Lawinengefahr).

 ## HÖHENUNTERSCHIED

1130 Hm im Auf- wie im Abstieg (inklusive Gipfel; ansonsten nur 700 Hm)

 ## GEHZEITEN

Vom Wanderparkplatz in Sachrang 3 Std., Abstecher zum Geigelstein 2 Std., Abstieg auf dem Wirtschaftsweg nach Sachrang 2 Std., **Gesamtgehzeit: 7 Std.;** Variante von Huben gleiche Anstiegszeit

 ## AUSRÜSTUNG

Teleskopstöcke, Grödeln oder Spikes sowie Gamaschen. Für den Anstieg von Huben bzw. für den Gipfelanstieg je nach Schneelage Schneeschuhe empfehlenswert.

EINKEHR & ÜBERNACHTUNG
Priener Hütte (1410 m) Alpenvereinshütte, ganzjährig bewirtschaftet, vom 1. Advent bis Weihnachten geschlossen, 43 Zimmerlagerplätze, 54 Matratzenlagerplätze, Tel. 08057/428, www.prienerhuette.de
Gasthäuser in Sachrang sowie am Anfahrtsweg

Drei gemütliche Winterstuben, eine Rodelbahn und ein Gipfel

Auf breit gewalzter Spur hinauf zu den Almen

Im Gebiet zwischen Heuberg und Hochries gibt es eine lange Tradition der Almbewirtschaftung. Bevorzugtes Ziel sind die beiden Einkehrstationen auf den Daffnerwaldalmen, die schnell erreichbar sind und auch im Winter den Wanderer mit Speis und Trank versorgen. Der Anstieg zu den beiden Almhütten – Deindlalm und Laglerhütte – verläuft über Wirtschaftswege, und die eignen sich im Winter natürlich auch für Rodelfans. Das gleiche gilt auch für die Wagneralm, die sich auf der anderen Hochtalseite befindet. Dort erwartet uns eine gemütliche Stube, die auch von Einheimischen frequentiert wird. Der Anstieg ist leicht und nicht sehr lang.

Der Anstieg zur Wagneralm

Vom Wanderparkplatz im Gammernwald folgen wir zunächst dem breiten Forstweg links haltend und leicht ansteigend auf ausgeschildertem Weg (Mark.-Nr. 215, „Wagneralm") durch Wald in Richtung Wagneralm. Bei der Wegverzweigung an der Spiegelalm gehen wir links weiter bis zur nächsten querführenden Forststraße (größere Wegverzweigung); dort wandern wir links, nun steiler ansteigend, auf dem Almweg zur Wagneralm hinauf, die in weiteren zehn Minuten erreicht ist.

Der Anstieg zu den Daffnerwaldalmen

Die Daffnerwaldalmen können von mehreren Seiten angesteuert werden. Der kürzeste Weg startet beim Wanderparkplatz Schweibern in Nähe des „Duftbräus". Vom Wanderparkplatz folgen wir dem geräumten Ziehweg durch Wald, bis wir auf die von Nussdorf heraufführende Almstraße stoßen. Dieser folgen wir nun links, steil ansteigend, bis zum oberen Waldrand. Das letzte Stück führt dann in angenehmer Steigung zu den Almhütten, wo wir uns bei einer der beiden Einkehrstationen niederlassen.

Variante

Kurz hinter dem großen Wanderparkplatz Gammern gehen wir bei der Wegverzweigung rechts und folgen der noch eben verlaufenden Forststraße durch Wald. Die nächste Abzweigung leitet uns rechts über den Fluderbach, nach wenigen Minuten halten wir uns erneut rechts, bis wir auf einen Querweg stoßen. Dort geht es links weiter, wobei die Forststraße endet und in einen Fußpfad übergeht. Nach einer knappen Viertelstunde schwenkt unsere Weg scharf nach rechts und leitet uns dann leicht ansteigend bald aus dem Wald hinaus zu den verschneiten Bergwiesen der Daffnerwaldalmen.

Der Gipfelabstecher

Bei den bewirtschafteten Hütten auf der Daffnerwaldalm zeigt uns ein Wegweiser die Richtung. Über steile, freie Berghänge (Achtung Lawinengefahr!) folgen wir den Fußspuren hinauf zum Heuberg (1338 m), wo wir einen freien Blick in Richtung Westen genießen. Die Nachbargipfel (es sind drei weitere) des Heubergs sind im Winter jedoch nicht zu empfehlen.

 ## TOURISTINFO

Gästeinformation, Dorfplatz 3/Törwang, 83122 Samerberg, Tel. 08032/98 94 18, www.samerberg.de

 ## ANFAHRT

Mit dem Auto: Auf der Salzburger Autobahn (A8) bis zur Ausfahrt Achenmühle, dann über Grainbach weiter in Richtung Neubeuern. Noch vor dem Berggasthaus Duft zweigt links ein Sträßchen zum Waldparkplatz Gammern (gebührenpflichtig) ab; diesem folgen wir bis zum Ende. Zum Wanderparkplatz Schweibern passieren wir das Berggasthaus Duft, dann leicht fallend hinab zu einer Straßenverzweigung, dort links und dann erneut links in die Zufahrtsstraße zum Wanderparkplatz.

KARTENHINWEIS
Topographische Karte 1:50 000 Blatt „Chiemsee – Chiemgauer Alpen" (LDBV)

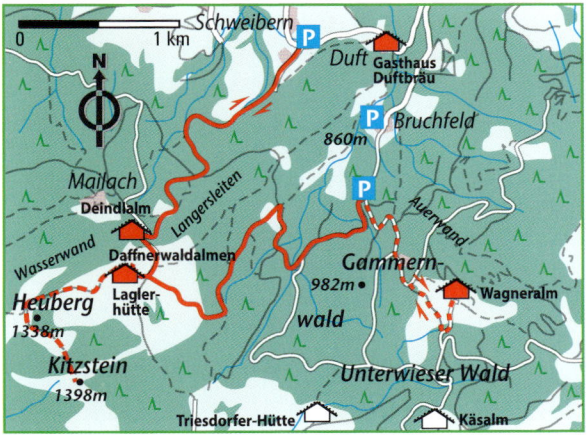

Mit Bahn & Bus: Im Winter nicht möglich.

 ## AUSGANGSPUNKTE

Waldparkplatz im Gammernwald bei Grainbach (880 m) bzw. Wanderparkplatz Schweibern (760 m)

 ## ANFORDERUNG

Geräumte Wirtschaftswege und Bergwanderwege und einige Abschnitte auf Bergpfaden (Variante), aber leicht zu begehen. Der Anstieg auf den Heuberg ist sehr steil, lediglich Fußspuren; nicht nach Neuschnee und bei Tauwetter, da große Lawinengefahr.

GEHZEITEN

Vom Waldparkplatz Gammern zur Wagneralm 30 Minuten, Rückkehr 25 Min., **Gesamtgehzeit:** knapp 1 Std. – Anstieg vom Wanderparkplatz Schweibern zu den Daffnerwaldalmen 1¼ Std., Gipfelabstecher zum Heuberg 1½ Std., Abstieg zum Wanderparkplatz 1 Std. **Gesamtgehzeit:** 3¾ Std. – Variante: Aufstieg vom Wanderparkplatz Gammern zu den Daffnerwaldalmen 1 Std.

 ## AUSRÜSTUNG

Allgemeine Winterausrüstung, Wanderschuhe mit griffiger Sohle sowie Teleskopstöcke. Für den Aufstieg vom Waldparkplatz Gammern (Variante) zu den Daffnerwaldalmen Schneeschuhe und Gamaschen bei größeren Schneemengen.

 ## EINKEHR & ÜBERNACHTUNG

Wagneralm (1020 m) ganzjährig bewirtschaftet, von Anfang November bis Ende April nur an Wochenenden und Feiertagen, Tel. 0172/820 19 56, www.wagneralm.de
Laglerhütte (1050 m) ganzjährig bewirtschaftet, im Winterhalbjahr nur von Donnerstag bis Sonntag sowie an Feiertagen und in den Ferienzeiten, 15 Betten, Tel. 08032/87 37, www.laglerhof-nussdorf.de
Deindlalm (1050 m) ganzjährig bewirtschaftet, im Winterhalbjahr Montag Ruhetag, Tel. 08034/22 17, www.deindlhof.de

TEGERNSEER UND SCHLIERSEER BERGE

Ein ehemaliges Propsteihaus und Deutschlands höchstgelegene Bauernhöfe

Blick von der Hohen Asten auf die Chiemgauer Alpen

Im Winter lieben wir kurze knackige Anstiege, um möglichst schnell die manchmal schattigen oder auch mit Nebel verhangenen Täler unter uns zu lassen. Der steile Anstieg hinauf zum Petersberg mit der alten Propsteikirche, deren Ursprung bis ins hohe Mittelalter zurückreicht, ist ein solches Ziel. Schon in einer Stunde ist man oben und kann den freien Blick auf das Inntal genießen. Und das Beste: Auf dem Gipfel steht das alte Propsteihaus aus dem 17. Jahrhundert, das zu einer Wirtschaft umfunktioniert wurde. Anschließend geht es durch Wald und verschneite Bergbauernwiesen hinauf zur Hohen Asten. Es handelt sich dabei um die höchstgelegenen, ganzjährig bewohnten Bauernhöfe Vorder- und Hinterasten. Im hinteren wurde ein schönes Bergwirtshaus eingerichtet. Und wer nach der Einkehr

ein paar Pfunde loswerden will, steigt noch zum nächstgelegenen Gipfel, dem Rehleitenkopf, hinauf, wo uns ein großartiges Panorama erwartet.

Steil hinauf zum Berggasthof Petersberg

Vom Wanderparkplatz (eine Tafel zeigt uns, ob die beiden Bergwirtschaften auch geöffnet sind) folgen wir dem breiten, jedoch bald steilen Wirtschaftsweg durch Wald bergan. Teleskopstöcke und eventuell auch Grödeln helfen uns bei einem guten Tritt. Bald sehen wir linker Hand die Burgruine Falkenstein, dem Sitz der im Mittelalter mächtigen Grafen von Falkenstein. Dann steigen wir auf der bewaldeten Nordseite des Petersbergs (manchmal müssen wir mit vereisten Flächen rechnen) in Kehren hinauf, passieren die kleine Antoniuskapelle, bis links der steile, aber weiterhin breite Weg zum Petersberg abzweigt. Über ein paar Serpentinen (Abkürzung möglich) erreichen wir in 15 Minuten den höchsten Punkt mit einer Höhe von 847 Meter, wo uns die kleine Kirche und das Berggasthaus erwarten, das im alten Mesnerhaus eingerichtet wurde. Falls es die Temperaturen zulassen, können wir draußen sitzen und die Aussicht auf das Inntal genießen.

Weiterweg zu Deutschlands höchstgelegenen Bauernhöfen

Um zu den Astenhöfen zu gelangen, steigen wir zuerst wieder zum Hauptweg ab, halten uns dort links und folgen dem ansteigenden, gut ausgeschilderten und für den öffentlichen Verkehr gesperrten Fahrweg zunächst weiter durch Wald, dann – vorbei am verlassenen „Bauer am Berg" – in Kehren hinauf zu den oberhalb eines großen verschneiten Wiesenhangs gelegenen Bauernhöfen, die ganz traditionell mit viel Holz erbaut wurden. Auf der schönen Aussichtsterrasse stillen wir unseren Hunger mit regionaler bayerischer Kost. Wenn das Wetter nicht mitspielt, erwartet uns drinnen eine gemütliche Bauernstube.

Gipfelabstecher auf den Rehleitenkopf

Der Anstieg beginnt zwischen der kleinen Kapelle und dem hinteren Hofgebäude (kleiner Wegweiser). Wir gehen zunächst ein kurzes Stück durch verschneite Wiesen hoch (wir werden jedoch meistens auf einen ausgetreten Pfad treffen), der Weg biegt dann nach links, streift durch lichten Wald und trifft auf eine Weggabelung. Dort geht es nun rechts über verschneite Bergwiesen zum Gipfelaufbau weiter und über einen kleinen schrofigen Hang hinauf zum schlichten Gipfelkreuz (1337 m).
Der Abstieg erfolgt auf den Anstiegswegen.

TOURISTINFO

Gemeindeverwaltung Flintsbach a. Inn, Kirchstraße 9, 83126 Flintsbach a. Inn, Tel. 08034/306 60, www.flintsbach.de

ANFAHRT

Mit dem Auto: Auf der A8 bis zum Inntaldreieck, dann weiter in Richtung Innsbruck (A93) bis zur Ausfahrt Brannenburg/Degerndorf, in Degerndorf links nach Flintsbach, dort bis zum südlichen Ortsende, dort rechts in den geteerten Astenweg und weiter bis zum Bergfuß.
Mit Bahn & Bus: Mit der Bahn Richtung Kufstein bis nach Flintsbach. Dort weiter zu Fuß zum Ausgangspunkt (entlang der St 2089, dann rechts in den Astenweg).

AUSGANGSPUNKT

Wanderparkplatz am Bergfuß bei Flintsbach (485 m)

ANFORDERUNG

Breite, steile aber für den öffentlichen Verkehr gesperrte Wirtschaftswege; am Petersberg Abkürzung auf gestuftem Wanderweg.

HÖHENUNTERSCHIED

Zum Gammernwald 800 Hm, zur Wagneralm 950 Hm, zu den Daffnerwaldalmen 1050 Hm

GEHZEITEN

Von Flintsbach auf den Petersberg 1 Std., zur Hohen Asten plus 1 Std., Rückweg 1½ Std., **Gesamtgehzeit:** 3½ Std. Abstecher zum Rehleitenkopf 1½ Std. (mit Schneeschuhen 2 Std.)

AUSRÜSTUNG

Der gesamte Weg ist geräumt. Grödeln und Spikes sind für die steilen Abschnitte empfehlenswert. Unbedingt auch Teleskopstöcke. Für den Rehleitenkopf evtl. Schneeschuhe.

EINKEHR & ÜBERNACHTUNG

Berggasthaus Petersberg (847 m), ganzjährig bewirtschaftet, im Winter Montag und Dienstag Ruhetag, Tel. 08034/18 20, www.berggasthaus-petersberg.de
Berggasthaus Hohe Asten (1104 m), ganzjährig bewirtschaftet, Donnerstag und Freitag Ruhetag, Tel. 08034/21 51, www.hoheasten.de

KARTENHINWEIS Topographische Karte 1:50 000 Blatt „Mangfallgebirge" (LDBV)

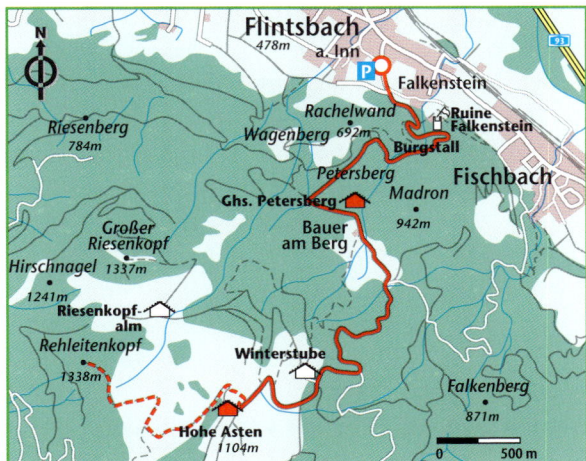

AUS DER RECHENAU ZUM BRÜNNSTEINHAUS

Winterwanderweg und Naturrodelbahn

Top Bedingungen für Rodler beim Brünnsteinhaus

Von Mühlau hinauf zum Alpenvereinshaus

Vom Wanderparkplatz in der Mühlau folgen wir dem ausgeschilderten und geräumten Fahrweg in die Rechenau. Bei geringer Schneemenge bietet sich der Waldweg links des Reschmühlbaches an. In der Rechenau erwarten uns ein paar Häuser und Scheunen sowie eine kleine Kapelle. Dort gehen wir links an einer Scheune vorbei in den Wald hinein, bald rechts haltend, und weiter auf dem Fahrweg in teilweise unübersichtlichen Kehren höher. Wegen der engen Kurven sollten wir uns immer am Wegrand halten, denn die abwärts düsenden Rodler sollten als Gefahr nicht unterschätzt werden. Der überwiegende Teil des Anstiegs verläuft durch schattigen Wald, der zuletzt immer steiler wird. Wir verlassen den Wald und erreichen freies, flacheres Gelände. Nun ist es nur noch eine Viertelstunde zum Alpenvereinshaus. Nach der Bergwachthütte biegen wir rechts zum Brünnsteinhaus ab, das hinter Bäumen versteckt liegt.

Gipfelabstecher zum Brünnstein

Vom Brünnsteinhaus halten wir uns nach Westen, in Richtung Himmelmoosalmen. Falls wir nicht auf den Gipfel wollen, können wir dort Winter-

Das im Jahre 1894 erbaute, auch im Winter bewirtschaftete Brünnsteinhaus liegt etwas versteckt im Wald auf der Südseite des Brünnsteins. Der Hüttenversorgungsweg über die Rechenau ist das ganze Jahr über begehbar. Bei günstigen Bedingungen kann ein Ausflug dorthin sogar mit dem berühmten Kaiserblick gekrönt werden. Unser Anstiegsweg hat eine lange Tradition als Rodelstrecke. Wer keinen Rodel im Gepäck hat, kann dieses alpenländische Sportgerät auf dem Brünnsteinhaus ausleihen. Aber man sollte schon etwas Erfahrung mitbringen, denn die Strecke ist eher was für Könner. Ein ganz eigenes Naturerlebnis bietet sich mit etwas Glück beim Aufstieg zum Alpenvereinshaus, denn mittlerweile ist der schon fast ausgestorbene Auerhahn dort wieder heimisch. Am Hüttengipfel, dem Brünnstein, haben wir vielleicht sogar die Chance, eines Steinbocks ansichtig zu werden. Viel Glück!

> ### DER RODEL-TIPP
>
> Der Hüttenweg zum Brünnsteinhaus ist offizielle Rodelbahn und wird seit mindestens 120 Jahren genutzt. Die steile Abfahrt ins Tal eignet sich aber nur für erfahrene Rodler, da sie an einige Stellen steil und zudem unübersichtlich ist. Rodelverleih im Brünnsteinhaus, Rückgabe in der Rechenau. Achtung: Nach 17 Uhr darf nicht mehr abgefahren werden, da die Route vom Hüttenwirt gepflegt werden muss.

sonne tanken, denn der Gipfelanstieg erfolgt mit Ausnahme einiger kurzer Passagen durch schattigen Wald. Wir folgen den Fußspuren in einem weiten Rechtsbogen zum Gipfelaufbau des Brünnstein (1619 m). Das Schlussstück ist jedoch nur für Trittsichere geeignet, auch wenn das letzte Stück mit Seilen gesichert ist. Die Aussicht von dort oben ist aber eine große Belohnung. Der Blick – dank der Einzellage – reicht über die gesamten Bayerischen Voralpen, über das Inntal hinweg auf das Kaisergebirge und bis in die Zentralalpen.

 TOURISTINFO

Tourist-Information Oberaudorf, Kufsteiner Straße 6, 83080 Oberaudorf, Tel. 08033/30 120, www.tourismus-oberaudorf.de

 ANFAHRT

Mit dem Auto: Auf der A8 bis zum Inntaldreieck, dann weiter in Richtung Innsbruck (A93) bis zur Ausfahrt Oberaudorf, weiter in Richtung Kiefersfelden, 200 Meter nach dem Burgtor rechts über den Luegsteinsee nach Mühlau/Dörfl und bei der Bushaltestelle rechts noch 100 Meter zum Wanderparkplatz Mühlau. Da der Parkplatz nicht sehr groß ist, muss man evtl. entlang der Straße parken.
Mit Bahn & Bus: Mit der Bahn über Rosenheim nach Oberaudorf. Zum Ausgangspunkt zu Fuß etwa 1 Std.

 AUSGANGSPUNKT
Wanderparkplatz Mühlau (610 m)

 ANFORDERUNG
Geräumter Wirtschaftsweg bis zum Brünnsteinhaus, streckenweise steile Passagen. Der Aufstieg zum Gipfel des Brünnsteins ist nur bei wenig Schnee möglich (Trittsicherheit und Erfahrung vorausgesetzt).

 HÖHENUNTERSCHIED
Zum Brünnsteinhaus 740 Hm, zum Gipfel des Brünnstein weitere 260 Hm

 GEHZEITEN
Vom Wanderparkplatz zum Brünnsteinhaus 2½ Std., Abstieg ins Tal 2 Std., **Gesamtgehzeit:** 4½ Std.; Gipfelabstecher zum Brünnstein zusätzlich gute 1½ Std.

 AUSRÜSTUNG
Teleskopstöcke und Spikes oder Grödeln sehr sinnvoll

 EINKEHR & ÜBERNACHTUNG
Brünnsteinhaus (1360 m), AV-Haus, ganzjährig bewirtschaftet, Montag und Dienstag Ruhetag, von November bis Mitte März nur an den Wochenenden geöffnet (Weihnachtsferien durchgehend), dann bis Ende April geschlossen, am Ausgangspunkt Tafel zu den aktuellen Öffnungszeiten, 20 Betten, 32 Lagerplätze, Tel. 08033/14 31, www.bruennsteinhaus.de
Café Dörfl, in Nähe des Ausgangspunktes, ganzjährig bewirtschaftet, 6 Zimmer und 4 Ferienwohnungen, Tel. 08033/15 35, www.cafedoerfl.de

KARTENHINWEIS Topographische Karte 1:50 000 Blatt „Mangfallgebirge" (LDBV)

Eine Wallfahrtskapelle, eine bewirtschaftete Alm und ein Gipfel

Blick vom Breitenstein hinüber zum Wendelstein

Der eher stille Breitenstein – im Gegensatz zum Wendelstein, der mit Seilbahn und Zahnradbahn erschlossen ist – ist auch im Winter ein lohnendes Ziel. Zum einen können wir uns die Tour in zwei Etappen einteilen: Wer nicht so fit ist, bleibt auf der bewirtschafteten Kesselalm hängen, wer mehr Ambitionen hat, schafft auch den Breitenstein, der eine großartige Aussicht bietet und leicht zu ersteigen ist. Die Hubertushütte knapp unterhalb des Gipfels ist im Winter nicht mehr bewirtschaftet.

Von Birkenstein zur Kesselalm

Vom großzügigen Parkplatz oberhalb der Wallfahrtskirche gehen wir kurz zurück zur Anfahrtsstraße, dann folgen wir rechts dem in der Regel geräumten Almfahrweg in weiten Kehren (Wegweiser „Kesselalm", „Breitenstein") durch dichten Nadelwald zunächst mäßig, dann steil ansteigend bergan. Dabei sind einige kleine Brücken zu queren. Bei der Weggabelung halten wir uns rechts. Das letzte Stück geht noch mal in die Waden, denn vor der Kesselalm sind noch einige kurze, aber steile Serpentinen zu bewältigen. Bevor wir uns drinnen am Kachelofen oder draußen auf dem umlaufenen Balkon niederlassen, streifen wir noch ein wenig herum und besuchen die kleine Kapelle, die wenige Meter oberhalb der Gaststätte auf einer Aussichtskanzel steht und einen schönen Blick hinab ins Leitzachtal bietet. Wir wärmen uns auf, essen eine deftige Brotzeit oder eine heiße Suppe (z. B. eine Kaspressknödelsuppe) und brechen noch mal auf, um dem Breitenstein einen Besuch abzustatten.

Von der Kesselalm auf den Breitenstein

Von der kleinen Berggaststätte gehen wir kurz zurück zur Wegverzweigung und folgen links der üblicherweise ausgetretenen Spur (bei guter Schneelage sind hier Schneeschuhe nicht zu verachten!) über die freien Hänge bergwärts in den

DER RODEL-TIPP

Unser Anstiegsweg bis zur Kesselalm ist im Winter eine offizielle Rodelbahn, wenngleich sie nicht immer schneesicher ist. Schon vor Jahrhunderten wurde auf dieser Strecke das geschlagene Holz mit Schlitten vom Berg geholt und bereits 1914 wurde sie touristisch genutzt. Die Abfahrtsstrecke ist alljährlich Ende Januar/Anfang Februar Austragungsort des populären Kesselalm-Rodelrennens. Für „Normalos" ist sie dann jedoch gesperrt. Aber auch so verlangt diese Strecke etwas Können.

Sattel zwischen Schweinsberg und Breitenstein. Dort halten wir uns links und steigen hinauf zum Fuß des Breitenstein-Gipfelaufbaus. Eine steile Passage leitet uns dann durch lichten Wald zur Hubertushütte hinauf, die auf einem Geländeabsatz unterhalb des Gipfels liegt. Von hier sind es nur mehr 20 Minuten Gehzeit bis zum bereits sichtbaren Gipfel.

Die Rückkehr erfolgt auf dem Anstiegsweg.

TOURISTINFO

Touristinformation Fischbachau, Kirchplatz 10, 83730 Fischbachau, Tel. 08028/876, www.fischbachau.de

ANFAHRT

Mit dem Auto: Auf der Salzburger Autobahn (A8) bis Ausfahrt Weyarn, über Miesbach und Schliersee nach Fischbachau; von dort noch einen knappen Kilometer bis zum Wallfahrtsort Birkenstein. Geräumter Wanderparkplatz am oberen Dorfende.
Mit Bahn & Bus: Mit der Oberlandbahn (BOB) in Richtung Bayrischzell bis zum Haltepunkt Fischbachau, dann zu Fuß weiter (1 Std.) oder mit RVO-Bus nach Birkenstein.

AUSGANGSPUNKT

Wanderparkplatz in Birkenstein (855 m)

ANFORDERUNG

Bis zur Kesselalm geräumter und steiler Wirtschaftsweg. Der Anstieg zum Breitenstein ist in der Regel gespurt, da der Gipfel sehr beliebt ist und keine größeren Schwierigkeiten aufweist. Es besteht auch nur eine mäßige Lawinengefahr.

HÖHENUNTERSCHIED

Bis zur Kesselalm 430 Hm, zum Breitenstein weitere 340 Hm

GEHZEITEN

Anstieg von Birkenstein zur Kesselalm 1½ Std., Weiterweg über die Hubertushütte zum Breitenstein 1¼ Std., Abstieg zum Ausgangspunkt 2 Std., **Gesamtgehzeit:** knapp 5 Std.

AUSRÜSTUNG

Winterkleidung, Grödeln und Teleskopstöcke sinnvoll; Schneeschuhe und Gamaschen für den Gipfelanstieg (je nach Schneelage)

EINKEHR & ÜBERNACHTUNG

Kesselalm (1278 m), im Winter an Wochenenden, in den Weihnachtsferien sowie in den Faschingsferien durchgehend bewirtschaftet, Übernachtung nach Voranmeldung, 20 Lagerplätze, Tel. 08028/26 02, www.kesselalm.de
Gasthof und Pension Oberwirt in Birkenstein (Zimmer und Ferienwohnungen, Pilgerzimmer), ganzjährig bewirtschaftet, Tel. 08028/90 40 70, www.oberwirt-birkenstein.de
In der näheren Umgebung gibt es noch das berühmte **Winklstüberl** in Elbach (beliebt bei Wanderern, die gute Kuchen schätzen) sowie das **Gasthaus Rote Wand** in Geitau.

KARTENHINWEIS Topographische Karte 1:50 000 Blatt „Mangfallgebirge" (LDBV)

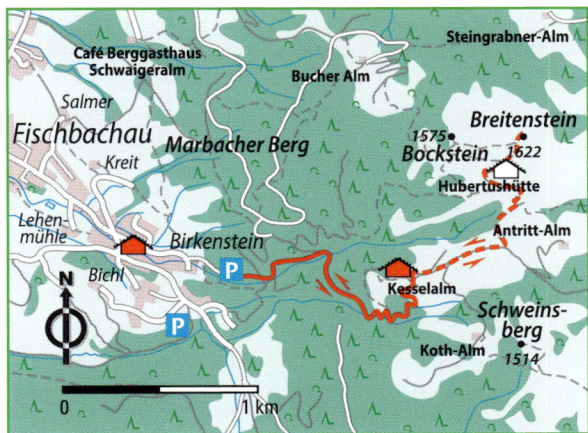

Zur „Kaiserschmarrn"-Alm über dem Ursprungtal

So leer? Nun, die sitzen alle am Kachelofen!

Bayrischzell, unser Talort, ist zu „normalen" Zeiten, also wenn genügend Schnee liegt, ein beliebtes Langlaufzentrum und mit dem Sudelfeld auch ein Zentrum des alpinen Pistensports. Etwas versteckt hinter Bayrischzell, nahezu auf der bayerisch-tirolerischen Grenze liegt die Obere Trockenbachalm, landläufig jedoch nur Mariandlalm genannt, nach der Tiroler Wirtin Maria Pirchmoser von Thiersee. Die jahrhundertealte Alm bietet nahezu ganzjährig Einkehr und Übernachtungsmöglichkeiten. Mittlerweile ist es kein Geheimtipp mehr, dass dort oben der Kaiserschmarrn, die Speckknödel und die Kaspressknödel besonders gut schmecken. Und wenn nicht zu viel frischer Schnee gefallen ist, können wir auch noch den Abstecher auf das Trainsjoch einbauen. Dort oben haben wir eine grandiose Aussicht, die bei der Mariandlalm etwas eingeschränkt ist.

Der Aufstieg zur Mariandlalm

Vom Wanderparkplatz im Ursprungtal folgen wir der Ausschilderung zur Mariandlalm und wandern auf einem unbefestigten Wirtschaftsweg ins Trockenbachtal hinein. Anfangs verläuft der Weg durch schattigen Wald, dann schlängelt er sich durch hügeliges Almgelände. Der Anstiegsweg ist zu Beginn etwas steil, flacht dann aber ab. Nach der Unteren Trockenbachalm geht es in weiten Kehren hinauf zur aussichtsreich gelegenen und schon lange vorher sichtbaren Alm. Bei schönem Wetter können wir auf der relativ großen Terrasse ein wenig Wintersonne tanken. Bei widrigen Verhältnissen zieht es uns in die warme Stube, die von einem großen Kachelofen dominiert wird.

Der Gipfelabstecher zum Trainsjoch

Von der Mariandlalm folgen wir dem in der Regel gespurten Steig in Richtung Osten, queren die steilen Südhänge und gehen einige Gräben aus, bis wir den Sattel zwischen Trainsjoch und Semmeljoch erreichen. Dort halten wir uns links und steigen direkt auf den Gipfel zu. Durch Latschen und Schrofengelände erreichen wir den höchsten Punkt, den ein kleines Gipfelkreuz schmückt. Die Rückkehr erfolgt auf dem Anstiegsweg.

Variante

Eine Viertelstunde nach unserem Start zweigt links ein Wanderweg ab, der parallel zum Wirtschaftsweg talaufwärts führt und nach den ers-

DER RODEL-TIPP

Von der Mariandlalm können wir auch mit dem Schlitten talwärts fahren; allerdings müssen wir dafür eine längere Ziehstrecke in Kauf nehmen. Wer keinen Rodel dabeihat, kann sich einen solchen am Ausgangspunkt ausleihen.

ten größeren Kehren steil und direkt zur bewirtschafteten Alm führt. Wir sparen uns eine weite Schleife des Fahrwegs, müssen dafür aber ein bisschen Ziehen in den Waden in Kauf nehmen. Dieser Weg ist jedoch nur bei geringer Schneelage empfehlenswert, da Lawinengefahr besteht – auch wenn Fußspuren uns verleiten könnten.

TOURISTINFO

Tourist-Info Bayrischzell, Kirchplatz 2, 83735 Bayrischzell, Tel. 08023/648, www.bayrischzell.de

ANFAHRT

Mit dem Auto: Auf der Salzburger Autobahn (A8) bis zur Ausfahrt Weyarn, dann über Miesbach und Bayrischzell zum Ursprungpass. Einen guten Kilometer hinter dem ehemaligen Grenzübergang befindet sich der geräumte Wanderparkplatz am Eingang ins Trockenbachtal.
Mit Bahn & Bus: Mit der Bayerischen Oberlandbahn (BOB) von München über Holzkirchen, Miesbach und Schliersee nach Bayrischzell; von dort weiter mit dem Oberbayernbus in Richtung Landl bis zum Gasthaus Bäckeralm. Von der Haltestelle noch 20 Minuten zu Fuß zum Ausgangspunkt.

AUSGANGSPUNKT

Wanderparkplatz Trockenbachtal (840 m)

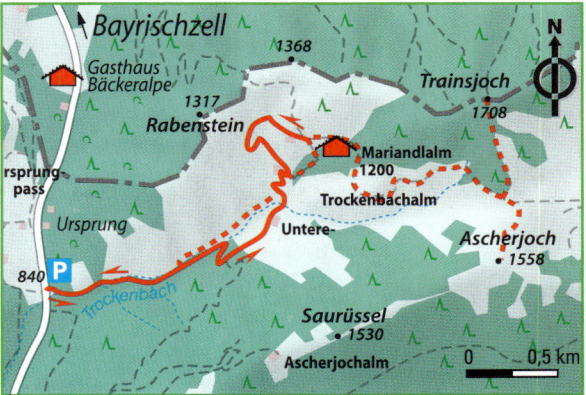 ANFORDERUNG

Leichte Winterwanderung auf geräumtem bzw. gewalztem Wirtschaftsweg. Es gibt jedoch einen parallel zum Almfahrweg verlaufenden, stellenweise steilen Steig (im Winter nur Pfadspuren; dieser ist jedoch lawinengefährdet). Der Weiterweg zum Trainsjoch ist nur bei geringer Schneelage zu empfehlen und erfolgt auf Pfadspuren (geringes Lawinenrisiko).

HÖHENUNTERSCHIED

Vom Wanderparkplatz zur Mariandlalm 380 Hm im Anstieg, Weiterweg zum Trainsjoch zusätzliche 460 Hm

GEHZEITEN

Vom Wanderparkplatz zur Mariandlalm 1 ½ Std., Rückweg auf dem Anstiegsweg 1 Std., **Gesamtgehzeit:** 2½ Std.; Anstieg auf das Trainsjoch weitere 3¼ Std.

AUSRÜSTUNG

Teleskopstöcke sind ausreichend; für den Anstieg zum Trainsjoch zusätzlich Schneeschuhe und evtl. Gamaschen.

EINKEHR & ÜBERNACHTUNG

Mariandlalm (1220 m), nahezu ganzjährig bewirtschaftet, im Winterhalbjahr Montag, Dienstag und Donnerstag Ruhetag (außer an Feiertagen), 20 Betten in Mehrbettzimmern, Übernachtung nur am Wochenende und nach Voranmeldung; Tel. +43/664/350 44 17, www.mariandlalm.at
Gasthaus Bäckeralm am Anfahrtsweg, kurz vor dem Grenzübergang nach Tirol, Tel. 0171/581 38 73, www.gasthof-bäckeralm.de

KARTENHINWEIS Topographische Karte 1:50 000 Blatt „Mangfallgebirge" (LDBV)

Auf leichten Wegen zu urigen Wirtsstuben

Im schneesicheren Spitzingseegebiet

Bei der Wegverzweigung halten wir uns rechts und wandern am Seeufer entlang auf schmalem, meist gespurtem Wanderweg in Richtung Talstation der Stümpflingbahn, wo wir auf die Zufahrtsstraße stoßen. Auf dieser gehen wir ein kurzes Stück nach links. Dann folgen wir rechts denn Ausschilderungen zu den Valeppalmen und der Albert-Link-Hütte. Das schmale Sträßchen führt uns zunächst südwärts, noch vor der Bachbrücke über die Rote Valepp biegen wir rechts in den Rosskopfweg ein. Durch ein kleines Wäldchen erreichen wir bald den Almboden der Valepper Almen. Der Zufahrtsweg zu den Unteren Haushamer Almen führt uns zu einer Wegkreuzung; wir halten uns geradeaus (WW Blecksteinhütte), wandern ein Stück durch Wald und treffen dann auf einen quer führenden Forstweg. Auf diesem geht es links weiter, bei der nächsten Verzweigung rechts, und bald schon stehen wir unvermittelt vor dem Blecksteinhaus, das sich auf einer Lichtung mitten im Wald befindet. In den schönen eingerichteten Gasträumen stärken wir uns mit warmen Getränken und bayerischer Küche.

Rückweg über die Albert-Link-Hütte

Spätestens auf dem Rückweg sollten wir einen kurzen Abstecher zur Albert-Link-Hütte machen. Je nach Außentemperatur können wir dort im Freien oder in den sehr gemütlichen Stuben sitzen. Und wir können hier selbst gebackenes Brot, Speck und Gamswürste kaufen.

Wir verlassen also das Blecksteinhaus, gehen wenige Minuten zurück zur Weggabelung und halten uns nun rechts. Bald erreichen wir die alte Valepper Straße, der wir links in Richtung Spitzingsee folgen. Auf halbem Weg sehen wir links auf einer Erhebung die Albert-Link-Hütte. Da die Valepper Straße geteert ist, wird sie im Frühjahr auch schnell aper. Bald ist das Südufer des Spitzingsees erreicht. Wir folgen dem rechten Uferweg und steigen nach dem Nordufers des Sees wieder zu unserem Ausgangspunkt am Spitzingsattel an.

Der Spitzingsee ist mit einer Fläche von 28 Hektar und einer maximalen Tiefe von 16 Metern Bayerns größter Gebirgssee. Als schneesicheres Gebiet tummeln sich hier vorwiegend Skifahrer aller Klassen, aber auch für Winterwanderfreunde finden sich schöne und kurze Routen. Außerdem ist der Spitzingsee im Winter meistens zugefroren: Wer also ein bisschen auf dem Eis rumrutschen will, ist hier genau richtig.

In gemütlichen Alpenvereinshütten, in denen wir auch im Winter übernachten können, lassen sich die Winterfreuden prima genießen.

Vom Spitzingsattel zum Blecksteinhaus

Beim Wanderparkplatz queren wir die Straße und folgen dem breiten Wanderweg, der zunächst parallel zur Straße hinab zum Spitzingsee führt.

✏ TOURISTINFO

Gäste-Information Schliersee,
Perfallstraße 4, 83727 Schliersee,
Tel. 08026/60 650, www.schliersee.de

📍 ANFAHRT

Mit dem Auto: Auf der Salzburger Autobahn (A8)
bis zur Ausfahrt Weyarn, dann über Miesbach
und Schliersee weiter in Richtung Bayrischzell, bis
rechts die Spitzingseestraße abzweigt; auf dieser
hinauf ins Hochtal bis zum Spitzingsattel (1127 m).
Dort gebührenpflichtiger Wanderparkplatz.
Mit Bahn & Bus: Mit der Bayerischen Oberlandbahn (BOB) von München über Miesbach und
Schliersee nach Fischhausen-Neuhaus, von dort
weiter mit dem RVO-Bus zum Spitzingsattel.

✗ AUSGANGSPUNKT

Wanderparkplatz Spitzingsattel (1227 m). Falls
wir nur eine kurze Route planen, können wir weiter
zum Südufer des Spitzingsees fahren und dort

KARTENHINWEIS Topographische Karte
1:50 000 Blatt „Mangfallgebirge" (LDBV)

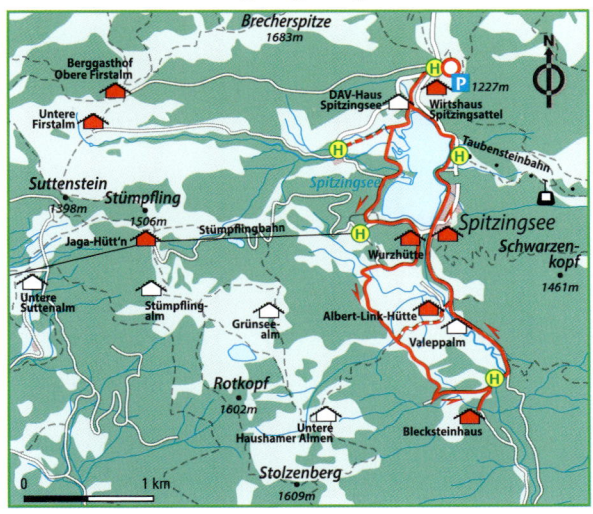

parken (ebenfalls gebührenpflichtig). Auch die Busse
fahren dorthin und wenden dann für die Rückfahrt.

◎ ANFORDERUNG

Leichte Wanderung auf geräumten breiten Wanderwegen bzw. Wirtschaftswegen sowie einige Passagen auf aber gespurten Wanderwegen

▲ HÖHENUNTERSCHIED

Nur gering, leichte Ab- und Anstieg zum Spitzingsattel; insgesamt etwa 100 Hm

⧖ GEHZEITEN

Vom Spitzingsattel zum Blecksteinhaus 1½ Std.,
Rückweg über die Albert-Link-Hütte zum Spitzing-
sattel 1½ Std., **Gesamtgehzeit:** 3 Std. Für eine
Kurzwanderung vom Südufer des Sees zum Bleck-
steinhaus und zurück nur die Hälfte der Zeit.
Falls wir öffentlich angereist sind, können wir vom
Spitzingsee-Südufer mit dem RVO-Bus nach Fisch-
hausen-Neuhaus zurückfahren (BOB-Anschluss).

⚔ AUSRÜSTUNG

Gute warme Winterkleidung ist ausreichend; evtl.
ist die Mitnahme von Teleskopstöcken hilfreich.

🏠 EINKEHR & ÜBERNACHTUNG

DAV-Haus Spitzingsee (1124 m), bewartetes
Selbstversorgerhaus für DAV-Mitglieder, mit Pkw
vom Spitzingsattel zu erreichen, ganzjährig geöffnet, 91 Betten in Zwei- bis Sechsbettzimmern,
Tel. 08026/925 33 62), www.alpenverein-muenchen-
oberland.de/haus-spitzingsee
Albert-Link-Hütte (1000 m), AV-Hütte, Kat. II,
nahezu ganzjährig bewirtschaftet, von Mitte November bis Mitte Dezember sowie im April Betriebsruhe, 65 Schlafplätze, davon 24 in drei Lagern,
Tel. 08026/71 264, www.albert-link-huette.de
Blecksteinhaus (1060 m), AV-Haus, ganzjährig
bewirtschaftet, im Mai/Juni und im Winter zeitweise
Betriebsruhe, 44 Schlafplätze, davon 22 in einem
Lager, Tel. 08026/924 67 92, www.blecksteinhaus.de

Auf dem Hüttenversorgungsweg ins Reich des Wildschütz Jennerwein

Das Bodenschneidhaus: Zuflucht in kalten Wintertagen

Das ganzjährig bewirtschaftete Alpenvereinshaus lässt sich von mehreren Seiten ansteuern. Und als eines der wenigen Unterkunftshäuser hat es auch im Winter geöffnet. Wer seinen Schlitten mitnehmen will, beginnt die Tour in der Hennerer Au, wer mit der Bahn anfahren will, startet am besten in Fischhausen-Neuhaus. Diese einsam gelegene Berghütte vermittelt uns Winterglück pur – zumindest für Bergwanderer und Schneeschuhgeher: kein Pistenremmidemmi, keine Lifte. Meist hält sich auch der Schnee dank der geschützten Lage recht lange.

Der Anstieg zum Bodenschneidhaus

Vom Wanderparkplatz in der Hennerer Au gehen wir ein kurzes Stück in Richtung Schliersee zurück, bis rechts nach der Brücke der Wirtschafts-weg zum Bodenschneidhaus (Wegweiser) beginnt. Unser Vorteil: Er wird von den Hüttenwirten als Versorgungsweg benutzt und daher auch den ganzen Winter über geräumt. Unser Anstiegsweg führt zunächst durch Wald am Breitenbach entlang, quert diesen dabei ein paar Mal und erreicht dann die Böden der Unteren Krainsberger Alm. Den Abzweiger nach links ignorieren wir. Über die Almböden hinweg wandern wir dann wieder in den Wald. Wir passieren eine Forststraße, die anschließenden Abzweigungen nach links ignorieren wir. Dann geht es links – nun stärker ansteigend – um den Rainerkopf herum zur gleichnamigen Alm und weiter zum Bodenschneidhaus, das einsam in einem Hochtal liegt. Drinnen ist es gemütlich und die bayerisch-tirolerische Küche versorgt uns mit der nötigen Energie für den Heimweg, der auch mit dem Rodel möglich ist. Achtung: Ziemlich steil im oberen Teil!

Der Anstieg von Fischhausen-Neuhaus (Variante bei Anfahrt mit der Bahn)

Vom Bahnhof wandern wir rechts und dann links haltend an nordwestlichen Ortsrand vorbei ins Dürnbachtal (Wegweiser „Bodenschneidhütte") und weiter auf der Forststraße (die beim Wanderparkplatz beginnt) zur Dürnbach-Dienststube. Weiter geht es auf dem Wirtschaftsweg, wobei wir zweimal eine Forststraße queren. Wir treffen dann auf den von der Hennerer Au heraufführenden Weg und folgen links der Markierung bis zum Bodenschneidhaus.

Der Anstieg auf die Bodenschneid

Im Winter ist dieser Gipfel eine Herausforderung, die nur bei besten Bedingungen angegangen werden darf. Und ganz sicher nicht nach Neuschnee. Die Winterroute beginnt bei der Hütte und führt zunächst in die Senke jenseits am Fuß von Bodenschneid und Rinnerspitze und dann rechts davon über freies Gelände. Nur begehen, wenn bereits von erfahrenen Tourengehern gespurt wurde!

TOURISTINFO

Gäste-Information Schliersee,
Perfallstraße 4, 83727 Schliersee,
Tel. 08026/60 650, www.schliersee.de

 ## ANFAHRT

Mit dem Auto: Auf der Salzburger Autobahn (A8)
bis zur Ausfahrt Weyarn, dann über Miesbach nach
Schliersee; beim Bahnübergang rechts halten und
3 km in die Hennerer Au bis zum Ende der Fahrstraße zum Wanderparkplatz. Oder alternativ
weiter über Schliersee nach Fischhausen-Neuhaus, in der Ortsmitte von Neuhaus rechts in die
Dürnbachstraße; an deren Ende befindet sich ein
Wanderparkplatz.
Mit Bahn & Bus: Mit der Bayerischen Oberlandbahn (BOB) bis zum Haltepunkt Fischhausen–Neuhaus, von dort weiter zu Fuß.

 ## AUSGANGSPUNKT

Wanderparkplatz in der Hennerer Au (840 m) bzw.
Bahnhof von Fischhausen-Neuhaus (800 m)

 ## ANFORDERUNG

Der Hüttenversorgungsweg von der Hennerer Au
wird den ganzen Winter über geräumt. Ab der Rai-
neralm besteht bei starken Neuschneefällen jedoch
Lawinengefahr. Die Bodenschneid kann nur bei
sicheren Verhältnissen bestiegen werden.

 ## HÖHENUNTERSCHIED

530 Hm im Auf- wie im Abstieg

 ## GEHZEITEN

Von der Hennerer Au zum Bodenschneidhaus
2½ Std.; Rückkehr auf dem Anstiegsweg 2 Std.,
Gesamtgehzeit: 4½ Std.
Anstieg von Fischhausen-Neuhaus 2 Std., Abstieg
1½ Std., **Gesamtgehzeit: 3½ Std.**
Gipfelabstecher 2 Std.

AUSRÜSTUNG

Wintersteifel mit Profil und Teleskopskistöcke,
bei Vereisungsgefahr am besten Grödeln mitnehmen. Evtl. sind auch Gamaschen hilfreich.
Bei hoher Schneelage sind Schneeschuhe die
beste Wahl.

EINKEHR & ÜBERNACHTUNG

Bodenschneidhaus (1365 m), Alpenvereinshaus,
ganzjährig bewirtschaftet, meist im Spätwinter
einige Wochen Betriebsurlaub, Montag Ruhetag,
14 Betten, 31 Lagerplätze, an den Ausgangspunkten Hinweisschilder zu den Öffnungszeiten, Tel. 08026/46 92 oder 015678/69 33 87,
www.bodenschneidhuette.bayern

KARTENHINWEIS Topographische Karte
1:50 000 Blatt „Mangfallgebirge" (LDBV)

Vom Spitzingsattel auf dem Trautweinweg

Die Obere Firstalm – urige Einkehr und kuschelige Zimmer auch im Winter

Rund um den Spitzingsee in den Schlierseer Bergen gibt es zahlreiche Wander- und Einkehrmöglichkeiten, auch im Winter. Der Ausflug zur Oberen Firstalm ist eine der kürzesten Winterwanderungen in diesem Band, aber überaus empfehlenswert. Allein schon durch die hohe Lage ist fast immer mit einer Schneedecke zu rechnen. Außerdem bietet die Obere Firstalm eine reichhaltige Küche. Dieser gemütliche Berggasthof ist auch ideal, um mit Freunden hinaufzuwandern, eventuell sogar einen Hüttenabend oder einen Geburtstag zu feiern. Unterkunftsmöglichkeiten gibt es genug, in Zimmern und Lagern.

Falls die Temperaturen und die Sonne es zulassen, können wir auf der großen Südterrasse etwas Wintersonne und den Blick auf Jägerkamp, Spitzingsee und den Stümpfling genießen. Unser Anstiegsweg wird im Winter auch als sichere Rodelbahn

genutzt. (Schlitten können auf der Alm ausgeliehen werden.) Die Straße ist ausgefräst, sodass wir nur in die Schneewände gleiten, falls wir die Spur verlieren sollten.

Vom Spitzingsattel zur Oberen Firstalm

Vom Spitzingsattel folgen wir dem gesperrten, zu Beginn geteerten und ausgeschilderten Fahrweg am Bergfuß der Brecherspitze entlang zur Oberen Firstalm. Dieser Weg wurde nach Theodor Trautwein benannt, dem Verfasser eines großartigen Führerwerks zu den Nordalpen. Der Anstieg fordert uns kaum, da nur geringe Steigungen zu bewältigen sind; lediglich ein steiler Abschnitt bringt uns ein bisschen ins Schwitzen. In der gemütlichen Oberen Firstalm, die eigentlich ein Berggasthof ist, können wir gut einkehren. Die Tageskarte bietet einiges: So gibt es z. B. Wiener mit diversen Beilagen, Schweinebraten, Reiberdatschi, Kaiserschmarrn, Wiener Germknödel, diverse Brotzeitteller oder Schweizer Wurstsalat. An ruhigen Tagen ist die Speisekarte natürlich etwas kleiner.

Die Rückkehr erfolgt auf dem Anstiegsweg.

Variante

Falls wir nicht rodeln wollen oder die Tour noch ein wenig ausdehnen wollen, können wir von der Oberen Firstalm hinunterstapfen zur Unteren Firstalm (Einkehr). Allerdings kommen wir damit auch dem Skibetrieb nahe, denn die Alm ist Dreh- und Angelpunkt für den Skilift an der Bodenschneid. Von dort folgen wir der geräumten Zufahrtsstraße talwärts. Nach etwa zwei Kilometern verlassen wir diese bei der Wegkreuzung (einige Häuser), halten uns geradeaus und steigen auf ausgetretenen Pfaden direkt hinab zum Spitzingsee; dort biegen wir links ab und wandern auf dem breiten Wanderweg hinauf zum Spitzingsattel, unserem Ausgangspunkt.

 TOURISTINFO

Gäste-Information Schliersee,
Perfallstraße 4, 83727 Schliersee,
Tel. 08026/60 650, www.schliersee.de

 ANFAHRT

Mit dem Auto: Auf der Salzburger Autobahn (A8) bis zur Ausfahrt Weyarn, dann über Miesbach und Schliersee in Richtung Bayrischzell, bis rechts die Spitzingseestraße abzweigt; auf dieser hinauf ins Hochtal bis zum Spitzingsattel. Dort gebührenpflichtiger Wanderparkplatz.

Mit Bahn & Bus: Mit der Bayerischen Oberlandbahn (BOB) von München über Holzkirchen und Schliersee nach Fischhausen-Neuhaus, von dort weiter mit dem RVO-Bus zum Spitzingsattel.

KARTENHINWEIS Topographische Karte 1:50 000 Blatt „Mangfallgebirge" (LDBV)

 AUSGANGSPUNKT

Wanderparkplatz Spitzingsattel (1129 m)

 ANFORDERUNG

Leichte Wanderung auf breitem Wirtschaftsweg; nur geringe Steigungen

 HÖHENUNTERSCHIED

Vom Spitzingsattel zur Oberen Firstalm 150 Hm im Anstieg

 GEHZEITEN

Vom Wanderparkplatz Spitzingsattel zur Oberen Firstalm 1 Std., Rückweg ¾ Std., **Gesamtgehzeit:** 1 ¾ Std.; Variante über die Untere Firstalm plus ½ Std.

 AUSRÜSTUNG

Geräumter Wirtschaftsweg. Teleskopstöcke sind ausreichend.

EINKEHR & ÜBERNACHTUNG

Obere Firstalm (1375 m), privat, ganzjährig bewirtschaftet, 38 Betten sowie 2 Familienzimmer, Tel. 08026/73 02, www.firstalm.de
Untere Firstalm (auf der Routenvariante), Tel. 08026/76 76, www.unterefirstalm.de
Spitzingstüberl am Spitzingsattel und sowie weitere Gaststätten vorne im Ort (am Ende der öffentlichen Straße)

Ein Ganzjahresziel mit Gipfeleinlage

Schneewehen am Rotwandgipfel – also Vorsicht!

Vom Spitzingsee zum Rotwandhaus

Vom Wanderparkplatz am Ende der Fahrstraße am südlichen Teil des Spitzingsees folgen wir zunächst dem ausgeschilderten Fahrweg in Richtung Valepp. An einer Schranke weisen uns zahlreiche Wegtafeln die Richtung und geben Auskunft über Öffnungszeiten und Gehzeiten. Schon nach wenigen Minuten zweigt vom Hauptweg links der befestigte und geräumte bzw. präparierte Wirtschaftsweg in Richtung Rotwandhaus ab. Wir folgen diesem nun relativ steil ansteigend durch Wald, bis wir auf eine Bergwachthütte stoßen. Dort halten wir uns rechts, passieren eine Schranke und befinden uns nun auf dem eigentlichen, unbefestigten Hüttenzufahrtsweg, der vom Wirt des Rotwandhauses gepflegt wird. Wir wandern weiterhin durch Wald, und der Weg wird allmählich steiler. Erst am Gleiselstein können wir eine erste Aussicht genießen. Im Süden erkennen wir das Hintere Sonnwendjoch. Wir verlassen den Wald und erreichen bald die Wildfeld-Alm, am Fuß des Klammsteins, mit ein paar Hütten. Auf einer Kuppe oberhalb kommt das Rotwandhaus in unsere Blickfeld. Der präparierte Winterweg verlässt nun den üblichen Hüttenweg, führt durch eine Einsenkung und steigt dann nochmal steil an zum Rotwandhaus.

Der Normalweg zum Rotwandhaus – und als sicher gilt der Anstieg vom Spitzingsee – ist auch für Winterwanderer die übliche Route. Alle anderen Anstiegswege setzen die Mitnahme von Schneeschuhen voraus oder gleich die Ausrüstung für Skitourengeher. Dieser Ausflug ist der Winterklassiker schlechthin. Und auch der Hüttengipfel, die Rotwand, ist leicht und schnell erreichbar – vorausgesetzt die Verhältnisse stimmen. Vorsicht ist bei Neuschnee geboten; dann besteht am steilen Gipfelhang starke Lawinengefahr. Neben der eindrucksvollen Aussicht vom Gipfel – eine Tafel hilft uns bei der Identifizierung der umliegenden Berge – gibt es hinterher natürlich die warme Stube des Rotwandhauses zum Aufwärmen, denn im Winter muss man damit rechnen, dass der Wind dort oben heftig bläst.

DER RODEL-TIPP

Der Hüttenweg zum Rotwandhaus eignet sich auch als Rodelstrecke, ist allerdings keine ausgewiesene Abfahrt. Besser sich vorher beim Hüttenwirt erkunden, ob die Mitnahme eines Schlittens sinnvoll ist. Die Abfahrtsstrecke ist aber beachtlich, ganze fünf Kilometer lang. Früher konnte man beim Rotwandhaus Schlitten ausleihen, jetzt muss man etwas Muskelschmalz zum Hochziehen einsetzen.

Gipfelabstecher zur Rotwand

Der Anstieg beginnt am Rotwandhaus und ist ausgeschildert. Er verläuft über einige weitläufige Serpentinen auf einer Stapfspur. Am Gipfel erwartet uns ein großes Kreuz und eine Orientierungstafel. Vorsicht: Steilabfall nach Norden und Osten!
Die Aussicht reicht von den umliegenden Bayerischen Voralpen bis hinüber zu den Chiemgauer Alpen. Im Süden sogar bis Großvenediger, Großglockner und in die Tuxer Alpen.

Variante

Der Übergang von der Bergstation der Taubensteinbahn zum Rotwandhaus ist nur in schneearmen Wintern und nur für bergerfahrene Winterwanderer mit entsprechender Ausrüstung angeraten. Zuweilen ergeben sich Orientierungsprobleme. Gehzeit etwa 2 Std.

TOURISTINFO

Gäste-Information Schliersee,
Perfallstraße 4, 83727 Schliersee,
Tel. 08026/60 650, www.schliersee.de

 ANFAHRT

Mit dem Auto: Auf der Salzburger Autobahn (A8) bis Ausfahrt Weyarn, dann über Miesbach und Schliersee in Richtung Bayrischzell, kurz hinter Neuhausen-Fischhausen rechts auf die Spitzingseestraße und bis zum Ende der öffentlichen Straße in Spitzingsee; dort befinden sich gebührenpflichtige Parkplätze.
Mit Bahn & Bus: Mit der Bayerischen Oberlandbahn(BOB) bis Neuhausen-Fischhausen, von dort Verbindung mit dem RVO-Bus zum Spitzingsee (bis Ende der öffentlichen Straße).

✘ AUSGANGSPUNKT

Wanderparkplatz Spitzingsee (1090 m)

KARTENHINWEIS Topographische Karte
1:50 000 Blatt „Mangfallgebirge" (LDBV)

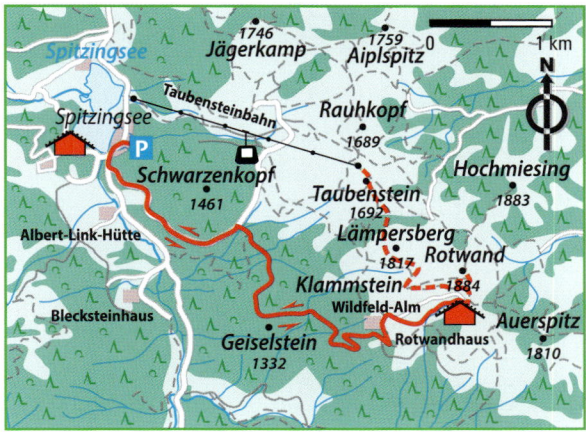

ANFORDERUNG

Präparierter Wirtschaftsweg zum Rotwandhaus; der Gipfelanstieg erfolgt auf Pfadspuren. Im Großen und Ganzen keine Lawinengefahr, dies ändert sich jedoch bei Neuschnee im Gipfelbereich.

HÖHENUNTERSCHIED

Bis zum Rotwandhaus 740 Hm, Gipfelweg zur Rotwand 120 Hm

GEHZEITEN

Vom Spitzingsee zum Rotwandhaus 3 Std., Gipfelabstecher ¾ Std., Abstieg nach Spitzingsee 2¼ Std., **Gesamtgehzeit:** 6 Std.

 AUSRÜSTUNG

Teleskopstöcke und evtl. Grödeln. Bei Neuschnee sind Gamaschen oder Schneeschuhe sinnvoll.

EINKEHR & ÜBERNACHTUNG

Rotwandhaus (1765 m), AV-Hütte, ganzjährig bewirtschaftet, von Anfang November bis Mitte Dezember geschlossen, an Wochenenden evtl. geöffnet, 30 Betten, 80 Lagerplätze, Tel. 08026/76 83, www.rotwandhaus.de
Mehrere Gasthäuser am Spitzingsee

Eine steile Route am Ostiner Berg

Die letzten Meter kurz vor dem Neureuthhaus

Das Neureuthhaus hoch über dem Tegernsee ist das ganze Jahr über ein Wanderklassiker. Bei entsprechender Wetterlage können wir dort oben bereits die Wintersonne genießen, wenn im Tal noch kein Sonnenstrahl durch die Nebeldecke dringt. Für den Anstieg im Winter benutzen wir den sogenannten Winterweg, der vom Sommerweg abweicht. Er beginnt oben beim Lieberhof und wird bei guter Schneelage schon seit Generationen auch als Rodelbahn genutzt. Auf der großen Südterrasse des Berggasthauses bietet sich ein umwerfendes Panorama, wobei uns eine große Tafel bei der Identifizierung der umliegenden Gipfel hilft. Leider gibt es hier oben keine Übernachtungsmöglichkeit. Der Abendhimmel dürfte traumhaft sein. Für den Abstieg empfehlen wir – sofern die Schneeverhältnisse es erlauben – nicht die Rodelbahn, sondern die Route auf dem Bayernweg. Hier sind wir keinen ungebärdigen Rodlern ausgesetzt.

Von Tegernsee über den Ostiner Berg zum Neureuthhaus

Von der Ortsmitte bzw. vom Bahnhof folgen wir kurz der Bahnhofsstraße, biegen dann links in die Neureuthstraße ein und wandern auf dieser bergwärts, bis rechts der Treppenweg in Richtung Westernhof abzweigt. Auf diesem erreichen wir wieder die Neureuthstraße, der wir rechts zum Lieberhof folgen. Rechts am Hof vorbei führt uns der Weg zum Wanderparkplatz Neureuth. Dort folgen wir der Forststraße bergwärts. Bei der Wegverzweigung oberhalb gehen wir links weiter und steigen über zahlreiche steile Kehren durch Wald hinauf zur Kammhöhe des Ostiner Bergs. Oben angekommen halten wir uns links und nach wenigen Minuten sehen wir zwischen den Bäumen das Berggasthaus Neureuth.

Wenn die Temperaturen nicht zu niedrig sind, können wir uns auf der großen Südterrasse die Sonne ins Gesicht scheinen lassen und mit deftigen Gerichten unsere Energiereserven auftanken. Zwischendurch können wir einen Abstecher zu einer kleinen Kapelle rechts unterhalb des Hauses machen.

Von hier ist ein Abstecher zu den Gindelalmen möglich (1½ Std.).

Der Abstieg erfolgt über den Anstiegsweg.

Variante für den Abstieg

Bei wenig Schnee oder bei gut ausgetretener Spur können wir auf dem Bayernweg wieder zu unserem Ausgangspunkt gelangen (in umgekehrter Richtung kann dieser Weg bei guter Schneelage

DER RODEL-TIPP

Der Aufstiegsweg am Ostiner Berg ist eine offizielle Rodelbahn und in der Regel geräumt. Sie ist jedoch streckenweise sehr steil und manchmal vereist.

den Schneeschuhwanderern empfohlen werden). Vom Neureuthhaus folgen wir auf dessen Nordseite den Fußspuren über die verschneiten Bergwiesen hinab und wandern in den Wald hinein. Etwas unterhalb treffen wir auf einen Unterstand mit Wegverzweigung; dort halten wir uns links. Nach einigen Kehren bergab erreichen wir eine Forststraße, auf der wir uns links wenden. Bald verlassen wir diese erneut nach links und folgen einem schmalen Weg weiter bergab, bis wir auf die Zufahrtsstraße zur privaten Westerhofklinik stoßen. Nun folgen wir links der Olaf-Gulbransson-Straße talwärts, gehen bei der Wegverzweigung links und erreichen schließlich den Wanderparkplatz Neureuth. Falls wir aus dem Ort hochgestiegen sind, folgen wir bei der Wegverzweigung rechts dem Neureuthweg und kommen so zu unserem Ausgangspunkt in Tegernsee zurück.

 TOURISTINFO

Tourist-Information Tegernsee,
Hauptstraße 2, 83684 Tegernsee,
Tel. 08022/92 73 80, www.tegernsee.com

 ANFAHRT

Mit dem Auto: Auf der Salzburger Autobahn (A95) bis zur Ausfahrt Holzkirchen, dann auf der Landstraße nach Tegernsee; Parkmöglichkeiten am Bahnhof oder im Ort. Besser im Ort über die Bahnhofstraße und die Neureuthstraße zum ausgeschilderten Wanderparkplatz Neureuth.
Mit Bahn & Bus: Mit der Bayerischen Oberlandbahn (BOB) von München nach Tegernsee; vom Bahnhof weiter zu Fuß über die Bahnhofstraße, dann links in die Max-Joseph-Straße und wiederum links in den Lieberhofweg, der uns hinaufleitet zum gleichnamigen Berggasthof; dort rechts weiter zum Wanderparkplatz (1 Std.).

KARTENHINWEIS Topographische Karte
1:50 000 Blatt „Mangfallgebirge" (LDBV)

 AUSGANGSPUNKT

Tegernsee-Ortsmitte bzw. Bahnhof (747 m) oder Wanderparkplatz beim Lieberhof (900 m)

 ANFORDERUNG

Leichte Winterwanderung auf Sträßchen, Wirtschaftswegen und Bergwanderwegen; einige Abschnitte sind jedoch sehr steil, und daher oft auch vereist und rutschig.

 HÖHENUNTERSCHIED

370 Hm im Auf- wie im Abstieg; von Tegernsee-Ort 250 Hm mehr

 GEHZEITEN

Vom Wanderparkplatz Neureuth zum Berggasthaus Neureuth 1½ Std., Abstieg zum Wanderparkplatz 1 Std., **Gesamtgehzeit:** 2½ Std. **Variante:** Abstieg nach Tegernsee 1½ Std.

 AUSRÜSTUNG

Teleskopstöcke und Grödeln; wer den Anstieg über den Sommerweg wählt, benötigt evtl. Gamaschen.

A EINKEHR & ÜBERNACHTUNG

Berggasthaus Neureuth (1263 m), ganzjährig bewirtschaftet, von Ende November bis Weihnachten sowie um Ostern Betriebsruhe, Montag Ruhetag, Tel. 08022/44 08, www.neureuth.com

RIEDERSTEIN UND BAUMGARTENSCHNEID

Berggasthaus und stiller Aussichtsbalkon über dem Tegernsee

Stetig bergan zum Riederstein

Die Baumgartenschneid über dem Tegernsee ist jedem Bergwanderer ein Begriff – der leichten Erreichbarkeit wegen, aber auch wegen der schönen Aussicht. Etwas abseits vom Weg, aber jeden Besuch wert, ist das kleine Riedersteinkircherl, das keck auf einem Felsvorsprung liegt. Die Kapelle kann umrundet werden und von ihrer Nordseite aus – gesichert durch ein Eisengeländer, denn hier bricht der Fels steil ab – bietet sich ein großartiger Tiefblick auf den Tegernsee an. Und dann ist da auch noch das gemütliche Berggasthaus auf der Galaun, wie das ehemalige Almgelände noch heute heißt, mit einem altbayerischen Kachelofen und einer Stube nahezu aus Holz gebaut. Wer die-

ser Tour noch einen zusätzlichen Kick geben will, nimmt seinen Schlitten mit, denn der Anstiegsweg ist zugleich eine Rodelbahn.

Vom Schwaighof hinauf zum Berggasthof Riederstein

Von Schwaighof geht es zwischen den letzten Häusern von Rottach-Egern (Ausschilderung „Riederstein" und „Baumgartenschneid") schnell steil bergan. Nach wenigen Minuten erreichen wir eine Weggabelung, dort gehen wir geradeaus weiter. Zunächst anhaltend steil wandern wir durch hohen Nadelwald, queren eine Lichtung mit Ausblick auf den Tegernsee, bis der Weg flacher wird und nahezu in gerader Linie – zuletzt wieder steil – hinauf zum Berggasthaus Riederstein führt. Das ehemalige Almgebäude ist heute ein gemütliches kleines Berggasthaus mit liebevoll dekorierter Stube und einem Originalkachelofen. Gerade das Richtige für einen kalten Wintertag. Die Küche ist natürlich regional ausgerichtet. Und ja – einen Kaiserschmarrn gibt es auch. Wer dort oben in vielleicht tief verschneiter Berglandschaft ein paar Nächte verbringen will, kann vorab eine der schönen Ferienwohnungen mieten.

Der Anstieg zur Baumgartenschneid

Um zum Gipfel zu gelangen, gehen wir rechts an der Wirtschaft vorbei und folgen dem ausgeschilderten und mit Kreuzwegmarterl gesäumter Weg bergwärts. Wir wandern durch Wald und rechts

DER RODEL-TIPP

Unser Anstiegsweg ist zugleich auch die offizielle Rodelbahn. Daher Achtung auf Rodler! Die Strecke ist streckenweise schmal und steil, also nur für Geübte. Da die Route südseitig liegt, keine große Schneesicherheit.

am felsigen Gipfel des Riedersteins vorbei in den Sattel zwischen Riederstein und Baumgartenschneid (hier zweigt links der Zugang zum Kircherl ab). Dort halten wir uns rechts und steigen weiter durch dichten Wald, stellenweise durch steileres Gelände, wobei uns rote Vierecke den Weg weisen. Der Wald wird lichter, wir passieren einen freien Hang und erreichen schließlich den Gipfel der Baumgartenschneid, den ein Gipfelkreuz schmückt. Und endlich haben wir auch einen freien Blick auf die umliegenden Berge. Der Abstieg erfolgt auf dem Anstiegsweg.

KARTENHINWEIS Topographische Karte 1:50 000 Blatt „Mangfallgebirge" (LDBV)

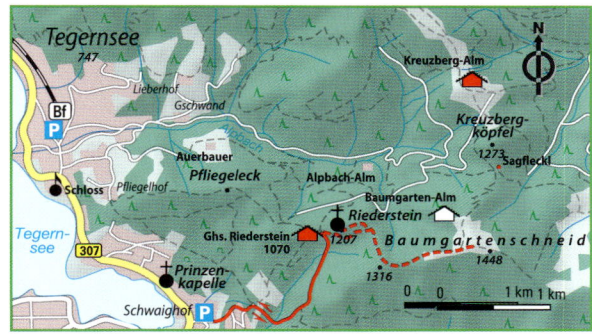

TOURISTINFO

Tourist-Information Tegernsee, Hauptstraße 2, 83684 Tegernsee, Tel. 08022/927 38 60, www.tegernsee.com

ANFAHRT

Mit dem Auto: Auf der Salzburger Autobahn (A8) bis zur Ausfahrt Holzkirchen, dann auf der B318 nach Gmund und weiter auf der B307 über Tegernsee nach Rottach-Egern. Kurz nach dem Ortsbeginn links in die Riedersteinstraße und bei der Kreuzung erneut links und bis zum Wanderparkplatz am Ende der Straße.

Mit Bahn & Bus: Mit der Oberlandbahn (BOB) von München zum Endbahnhof Tegernsee; von dort mit dem Oberbayernbus weiter nach Rottach-Egern bis zur Riedersteinstraße. Von dort zu Fuß links in die Riedersteinstraße, bei der Kreuzung erneut links und bis zum Ende der Straße.

AUSGANGSPUNKT

Wanderparkplatz Schwaighof (780 m)

ANFORDERUNG

Aufstieg zum Berggasthaus Riederstein auf schmalem Wirtschaftsweg, der Anstieg auf die Baum-

gartenschneid erfolgt auf Bergwanderwegen und Bergsteigen (abschnittsweise auch steil und rutschig). Der Abstecher zum Riedersteinkircherl erfolgt auf Treppensteig.

HÖHENUNTERSCHIED

690 Hm im Auf- wie im Abstieg

GEHZEITEN

Vom Wanderparkplatz Schwaighof zum Berggasthaus Riederstein 1¼ Std., vom Berggasthaus hinauf zur Baumgartenschneid 1 Std., Abstecher zum Riedersteinkircherl ½ Std., Abstieg zum Ausgangspunkt 1½ Std., **Gesamtgehzeit**: knapp 4½ Std.

AUSRÜSTUNG

Teleskopstöcke und Grödeln oder Spikes, da einige steile Passagen zu bewältigen sind und Vereisungsgefahr besteht.

EINKEHR & ÜBERNACHTUNG

Berggasthaus Riederstein (1070 m), privat, ganzjährig bewirtschaftet, Dienstag Ruhetag außer an Feiertagen, 2 Ferienwohnungen, Tel. 08022/27 30 22, www.berggasthaus-riederstein-am-galaun.de
Zahlreiche Gaststätten in Rottach-Egern sowie im Ort Tegernsee, so z. B. das berühmte **Bräustüberl** beim ehemaligen Schloss

Durch ein stilles Bachtal zu einer beliebten Alm

Endlich auf der gemütlichen Aueralm

Die schön gelegene Aueralm hoch über dem Tegernsee ist ein beliebtes Ganzjahresziel, das mit einer windstillen, aussichtsreichen Panoramaterrasse punkten kann, die auch im Winter bei schönem Wetter ihre Fans hat. Wer es dagegen etwas wärmer mag, drängt sich im Inneren der Hütte um den anheimelnden Kachelofen, was nach einem langen und eventuell kalten Aufstieg verständlich ist. Denn der Aufstieg führt durch das schattige Zeiselbachtal, das im Winter nicht viel Sonne abbekommt, während der anschließende Abstieg über den Söllberg meist der Sonne ausgesetzt ist, obgleich er an vielen Stellen durch Wald führt. Die Wirtsleute bieten sehr viel Selbstgemachtes an, vom warmen Apfelstrudel bis hin zu Ausgezogenen und diversen Suppen. Eine Tour für jedermann, zu jeder Jahreszeit. Denn auch mit Lawinengefahr muss im Winter nicht gerech-

net werden. – Wer noch Energie übrig hat, hängt nach der ersten Aufwärmphase noch den Anstieg auf den Fockenstein dran. Je nach Schneeverhältnissen ein lohnendes Gipfelziel, das uns mit einer großartigen Rundsicht belohnt. Der Blick reicht hinaus ins Alpenvorland, über den Tegernsee hinweg auf den Wallberg und den Brecherspitz; die Kampenwand und der Hirschberg sind greifbar nahe, dahinter erheben sich die Karwendelberge.

Durchs Zeiselbachtal hinauf zur Aueralm

Vom Wanderparkplatz folgen wir den zahlreichen Wegweisern zunächst eben auf dem breiten Wanderweg in das schattige Zeiselbachtal hinein. Es geht immer am Bach entlang, an dessen Rand sich im Winter reizvoll bizarre Eisgebilde ausformen; der Bach selbst gefriert jedoch wegen der schnellen Fließgeschwindigkeit kaum zu. Der Weg verengt sich und wird dann bald recht steil (hier sind Teleskopstöcke sehr hilfreich!). Unterwegs stoßen wir auf eine offene Unterstandshütte mit Sitzbänken, bei der wir durchschnaufen können. Wir verlassen schließlich den Wald und treffen auf den aus dem Söllbachtal heraufführenden breiten Wirtschaftsweg. Auf diesem geht es rechts weiter zur Aueralm, die wir nach wenigen Minuten Gehzeit erreichen. Falls wir an einem schönen Wintertag unterwegs sind, können wir nun endlich die Wintersonne genießen. Nicht nur das helle Licht, sondern auch die glitzernden Schneekristalle erfreuen unsere Seele nach dem etwas dunklen Anstieg durch das Bachtal.

Abstecher zum Fockenstein

Von der Aueralm folgen wir dem nicht geräumten, aber aussichtsreichen Wirtschaftsweg bis an den Gipfelfuß des Fockensteins. In schneearmen Wintern könnten wir nun rechts über den Ostkamm durch Hochwald und – im oberen Teil – freies Gelände zum Gipfel des Fockensteins ansteigen. Wir gehen jedoch links am Gipfelfuß entlang weiter und folgen dem Almweg zu den Neuhüttenalmen (1329 m) und weiter nun leicht bergan zum Neuhütteneck (1380 m), einem freien Sattel am Fuß des Fockenstein-Südgrates. Dort halten wir uns rechts und steigen über den wenig ausgeprägten Grat durch überwiegend freies Gelände und lichtem Wald bergan. Im Gipfelbereich umgehen wir die Gipfelfelsen und erreichen so den höchsten Punkt des Fockensteins (1564 m), den ein schmiedeeisernes Kreuz schmückt.
Die Rückkehr zur Aueralm erfolgt auf dem Anstiegsweg.

Abstieg von der Aueralm über den Söllberg

Von der Aueralm gehen wir auf dem Anstiegsweg ein Stück zurück, dann geradeaus weiter (nicht links hinab ins mittlerweile dunkle Zeiselbachtal)

KARTENHINWEIS Topographische Karte 1:50 000 Blatt „Mangfallgebirge" (LDBV)

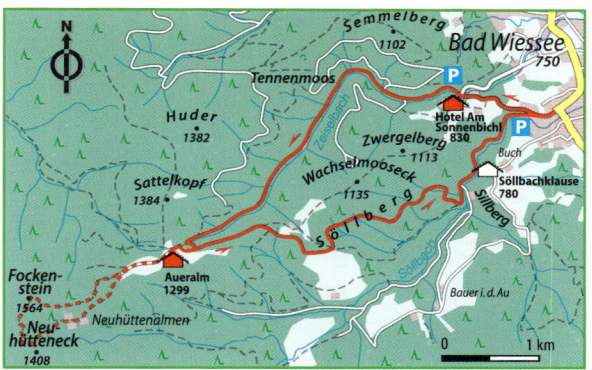

Nicht zu verfehlen: der gespurte Aufstieg

und immer dem breiten Wirtschaftsweg folgend (der in der Regel allerdings nicht geräumt ist) durch die bewaldete Südseite des Söllbergs hinab ins Söllbachtal. An einigen Stellen öffnet sich der Wald und gibt schöne Ausblicke frei. Im Tal angelangt, treffen wir auf den breiten, geräumten Wirtschaftsweg, der von Bad Wiessee zur Schwarzentennalm führt. Wir halten uns links, gehen über den Söllbach und passieren die mittlerweile geschlossene Söllbachklause, die früher eine beliebte Einkehr darstellte. Weiter am Bach entlang erreichen wir dann den im Ortsteil Abwinkl gelegenen Wanderparkplatz und die ersten Häuser

von Bad Wiessee. Falls wir oben am Berg geparkt haben, müssen wir nun noch einen kleinen Anstieg meistern, wobei wir uns links halten. Sind wir öffentlich angereist, wandern wir rechts hinab zum südlichen Teil von Bad Wiessee und erreichen die Bushaltestelle an der B318.

 TOURISTINFO

Tourist-Information, Lindenplatz 6, 83707 Bad Wiessee, Tel. 08022/86 030, www.tegernsee.com/bad-wiessee

Freier Rundumblick auf dem Gipfel des Fockensteins

ANFAHRT

Mit dem Auto: Auf der Salzburger Autobahn (A8) bis zur Ausfahrt Holzkirchen, dann auf der B318 über Gmund nach Bad Wiessee. Am südlichen Ortsrand dem Sträßchen (Wegweiser) steil hinauf zum Berggasthaus Sonnbichl und weiter zum großen Wanderparkplatz folgen. Alternativ am Eingang ins Söllbachtal parken, dann müssen wir nach dem Abstieg nicht noch einen Gegenanstieg meistern, um zum Auto zu gelangen.

Mit Bahn & Bus: Mit der Bayerischen Oberlandbahn (BOB) von München über Holzkirchen nach Gmund am Tegernsee; von dort weiter mit dem RVO-Bus nach Bad Wiessee bis zum Ortsteil Abwinkl. Dann weiter zu Fuß hinauf zum Wanderparkplatz (½ Std.).

AUSGANGSPUNKT

Wanderparkplatz Zeiselbachtal (850 m)

ANFORDERUNG

Im Aufstieg breiter, meist geräumter Wanderweg, im zweiten Teil sehr steil, daher ist die Mitnahme von Grödeln und Teleskopstöcken durchaus sinnvoll. Der Abstieg erfolgt auf einem breiten Wirtschaftsweg, der jedoch in der Regel nicht geräumt ist.

Der Anstieg auf den Fockenstein erfolgt ab der Aueralm in der Regel auf gespurtem Weg. Je nach Schneelage aber etwas anstrengend und teilweise steil. Nichts für Anfänger.

HÖHENUNTERSCHIED

440 Hm im Auf- wie im Abstieg; Aufstieg zum Fockenstein zusätzlich gute 300 Hm

GEHZEITEN

Vom Wanderparkplatz durchs Zeiselbachtal zur Aueralm 2 Std., Rückweg 2 Std., **Gesamtgehzeit: 4 Std.**
Auf- und Abstieg zum Fockenstein zusätzlich 2¼ Std.

Der gut ausgetretene Rückweg über die Neuhüttenalm

AUSRÜSTUNG

Teleskopstöcke, Grödeln oder Spikes, da der obere Teil des Anstiegs zur Aueralm recht steil und manchmal (sehr schattige Lage) auch vereist ist. Für den Anstieg zum Fockenstein empfiehlt sich die Mitnahme von Gamaschen, evtl. auch von Schneeschuhen (je nach Schneelage, besonders jedoch nach Neuschnee).

EINKEHR & ÜBERNACHTUNG

Aueralm (1260 m), ganzjährig bewirtschaftet, Montag Ruhetag, Tel. 08022/83 600, www.aueralm.de
Hotel Am Sonnbichl (830 m), kurz vor dem Wanderparkplatz, ganzjährig bewirtschaftet, Montag bis Mittwoch Ruhetag, Tel. 08022/98 730, www.amsonnenbichl.de
Mehrere Gaststätten in Bad Wiessee

Der Winterwanderklassiker am Tegernsee

Skifahrer auf dem Hirschberg

Skitourengeher, Schneeschuhwanderer, Rodler und Winterwanderer haben das Hirschberghaus ins Herz geschlossen. Denn auf dieser winterlichen Tour erwartet uns eine gemütliche Wirtsstube mit Kachelofen. Nach Voranmeldung kann man dort oben im Winter sogar übernachten. Tagesbesucher laben sich an heißen Getränken, einer Speckknödelsuppe, an geräucherten Gamswürsteln oder an Kassler mit Sauerkraut. Und wer sich dann noch losreißen kann, scheut auch nicht den Gipfelanstieg, denn erst von dort oben genießen wir ein umfassendes Panorama.

Von Scharling zum Hirschberghaus

Vom Wanderparkplatz beim Gasthaus Hirschberg am nördlichen Ortsrand folgen wir zunächst dem anfangs noch breiten, ausgeschilderten Fahrweg nur leicht ansteigend zu den letzten Häusern von Scharling und hinein in den Hochwald; unser

Weg ist nun unbefestigt und führt uns nach einigen Kehren, einer längeren relativ geraden Strecke und anschließend in weiteren Kehren hinauf zur sogenannten Hirschlache (1300 m). Falls die ausgeschilderte Anstiegsvariante gespurt ist (sie beginnt bei der großen, scharfen Kehre), können wir den Wirtschaftsweg wunderbar abkürzen. Bei der Hütte der Materialseilbahn endet der Wirtschaftsweg. Die Wegweiser für den letzten Teil des Aufstiegs zum bewirtschafteten Hirschberghaus ("Winterweg") zeigen dort nach links. Nun folgen wir den Fußspuren (markiert und mit Stangen versehen, im oberen Teil Sicherungsgeländer) in steilen Serpentinen über den latschenbewachsenen Berghang hinauf zum sogenannten Kratzer. Von dort erreichen wir in wenigen Minuten das bereits sichtbare Hirschberghaus, wo wir uns bei Sonnenschein auf der großen, windgeschützten Terrasse niederlassen können. Über das Söllbachtal hinweg blicken wir direkt gegenüber auf den Hirschberg, der sich 130 Höhenmeter über dem Hirschberghaus erhebt.

Der Gipfelabstecher zum Hirschberg

Vom Berghaus wandern wir durch freies Gelände zunächst nur leicht ansteigend auf die Geländekante zu, dann in einem weiten Rechtsbogen den Fußspuren folgend (hier wäre der Einsatz von Schneeschuhen eine große Hilfe) auf den bewachsenen Vorgipfel zu. Nun geht es durch den mit Bäumen durchsetzten Nordwesthang hinauf zum ostwärts führenden Bergrücken, wo wir freies Gelände erreichen. Oben angekommen halten wir uns rechts, leicht fallend, und steigen dann den steilen, aber ungefährlichen Osthang hinauf zum höchsten Punkt (1670 m) mit großem Gipfelkreuz und Gipfelbuch. Tief unter uns liegt das Hirschberghaus und der Tegernsee, im Süden sehen wir die Karwendelberge, im Westen ragt – über dem eingeschnittenen Söllbachtal – die steil abfallende Kampenwand auf. Rechts davon erkennen wir den Fockenstein und die Aueralm.

Der Abstieg erfolgt auf dem Aufstiegsweg. Die einzige Abstiegsvariante wäre diejenige über das Rauheck. Sie ist aber nur sinnvoll mit Schneeschuhen. Außerdem müssen wir hier mit Lawinen rechnen. Diese Route ist also nur erfahrenen Winterbergwanderern anzuraten.

 TOURISTINFO

Touristinformation Kreuth,
Nördl. Hauptstraße 3, 83708 Kreuth,
Tel. 08029/997 90 80, gemütlich und
mit Leseraum, www.kreuth.de

ANFAHRT

Mit dem Auto: Auf der Salzburger Autobahn (A8) bis zur Ausfahrt Holzkirchen, dann über Bad Wiessee in Richtung Kreuth; bei Reitrain rechts ab nach Scharling. Der gebührenpflichtige Wanderparkplatz befindet sich am Ortseingang rechts.
Mit Bahn & Bus: Mit der Bayerischen Oberlandbahn (BOB) zum Bahnhof Tegernsee; von dort mit dem RVO-Bus nach Scharling.

KARTENHINWEIS **Topographische Karte**
1:50 000 Blatt „Mangfallgebirge" (LDBV)

 AUSGANGSPUNKT
Wanderparkplatz (gebührenpflichtig) am nördlichen Ortseingang von Scharling (760 m)

ANFORDERUNG
Zu Beginn Fahrstraße, dann geräumter Wirtschaftsweg bis zur Talstation des Materiallifts (im oberen Bereich Abkürzung möglich). Das letzte Stück führt auf gespurtem Winterweg steil zum Kratzer hinauf (Stangen und Tafeln sowie einige Sicherungen), dann leicht fallend hinab zum Hirschberghaus. Der Anstieg zum Hirschberg, den man vom Berghaus zum großen Teil einsehen kann, führt entlang einer Fußspur (hier ist der Einsatz von Schneeschuhen optimal).

 HÖHENUNTERSCHIED
Bis zum Hirschberghaus 790 Hm, zum Hirschberg weitere 125 Hm

 GEHZEITEN
Von Scharling zum Hirschberghaus 2½ Std., Gipfelabstecher zum Hirschberg 1¼ Std., Abstieg ins Tal 2 Std., **Gesamtgehzeit: 6¼ Std.**

 **AUSRÜSTUNG**
Teleskopstöcke sehr empfehlenswert. Besonders der Schlussanstieg über den Winterweg ist sehr steil, daher sollten wir Grödeln im Rucksack dabei haben. Bei hoher Schneelage sind Schneeschuhe und Gamaschen für den Gipfelweg ab dem Hirschberghaus zu empfehlen.

EINKEHR & ÜBERNACHTUNG
Hirschberghaus (1544 m), nahezu ganzjährig bewirtschaftet, Mitte November bis kurz nach Weihnachten sowie drei Wochen im April geschlossen, 30 Betten, 25 Lager, im Winter Übernachtung nur auf Anfrage möglich, Tel. 08029/465, www.hirschberghaus.de
Im Tal das Gasthaus **Zum Hirschberg** in Scharling

Zur Schwarzentennalm und an den Bergfuß des Buchsteins

Die Buchsteinhütte inmitten der Schneemassen

Das Schwarzenbachtal wird von Hirschberg, Leonhardstein, dem Gipfelpaar Roß- und Buchstein und dem Gipfeltrio der Kampen eingefasst. Ohne viele Höhenmeter bewältigen zu müssen, sind wir in kurzer Zeit inmitten eines weitläufigen Almgeländes, das mit der Schwarzentennalm auch noch eine nahezu ganzjährig bewirtschaftete Einkehrstation aufweist. Und für Freunde des Winterwanderns gilt diese Ecke des Tegernseer Tals als sogenanntes Schneeloch. Unser Aufstiegsweg wird im Winter auch als Rodelbahn genutzt, wenngleich es sich hier nicht um eine offizielle Strecke handelt. Auf einigen Passagen – im unteren Bereich – ist sogar Schlittenziehen angesagt.

Von der Winterstube zur Schwarzentennalm

Vom Wanderparkplatz Klamm nehmen wir den ausgeschilderten und im Winter geräumten bzw. gewalztem Wirtschaftsweg ins bewaldete Schwarzenbachtal. Der Weg steigt mäßig an (Achtung auf eventuelle Rodler), rechts erhebt sich der Leonhardstein, den wir allerdings erst weiter oben mit einem schönem Rückblick sehen können, links erheben sich Roß- und Buchstein, deren Gipfel aber verdeckt sind. Kurz nach der Abzweigung zur Buchsteinhütte weitet sich das Tal und gibt den Blick auf die Almwiesen der Schwarzentennalm frei. Wegen seiner Lage und seiner Höhe ist dieses Hochtal in der kalten Jahreszeit und noch lange ins Frühjahr hinein im winterlichen Kleid. Von hier ist es eine gemütliche Viertelstunde durch ebenes Gelände zur gleichnamigen Einkehrstation. Dort können wir gemütlich auf der Terrasse sitzen, die sich nahezu um das gesamte Almgebäude zieht. Drinnen erwartet uns eine gemütliche Stube mit Kachelofen. Die Schwarzentennalm bietet eine gute Küche mit Suppen, Brotzeiten und einigen warmen Gerichten wie z. B. Käsknödel oder gebackenen Leberkäs, am Sonntag kommt in der Regel auch ein Schweinsbraten ins Rohr.

Der Aufstieg zur Buchsteinhütte

Falls wir beiden Einkehrstationen einen Besuch abstatten wollen, kehren wir bei der Schwarzentennalm um und gehen eine Viertelstunde unseres Anstiegsweges zurück, bis rechts der Hüttenzufahrtsweg abzweigt. In zwei weiten Kehren – die wir abkürzen können – zieht sich der Hüttenzufahrtsweg durch Wald bergan. Der Wald wird dann lichter und der Weg weniger steil. Im sanften Auf und Ab erreichen wir die Buchsteinhütte, die am Fuß des gleichnamigen Gipfels errichtet wurde. Aufgrund der Lage müssen wir schon früh ankommen, um etwas von der Wintersonne abzubekommen, denn diese private Hütte wird von drei Seiten von Berggipfeln eingefasst.

Variante

Etwa 500 Meter nach dem Ausgangspunkt führt links ein Brückerl auf die andere Bachseite. Je nach Schneelage ist der Wanderweg gut sichtbar, anderenfalls orientieren wir uns an den Fußspuren. Wir folgen nun dem Lauf des Schwarzenbachs leicht ansteigend durch lichten Wald bis zu einer weiteren Brücke, wo wir direkt auf den Anstiegsweg zur Buchsteinhütte stoßen. Rechts über die Brücke geht es wieder zurück zum Wirtschaftsweg. Dieser Weg ist deshalb empfehlenswert, weil die Forststraße auch als Rodelbahn genutzt wird.

 TOURISTINFO

Tourist-Information Kreuth,
Nördliche Hauptstraße 3, 83708 Kreuth,
Tel. 08029/997 90 80, www.kreuth.de

 ANFAHRT

Mit dem Auto: Auf der Salzburger Autobahn (A8) bis zur Ausfahrt Holzkirchen, dann auf der B318 in Richtung Achensee. Etwa 2,5 Kilometer nach der Abzweigung nach Wildbad Kreuth befindet sich der Wanderparkplatz Klamm.
Mit Bahn & Bus: Mit der Bayerischen Oberlandbahn (BOB) von München über Holzkirchen und Gmund zum Endbahnhof in Tegernsee; von dort weiter mit dem RVO-Bus in Richtung Achensee bis zur Haltestelle Klamm.

 AUSGANGSPUNKT
Wanderparkplatz Klamm (830 m)

 ANFORDERUNG
Leichte Wanderung auf breiten, geräumten bzw. gewalzten Wirtschaftswegen bzw. Wanderwegen (Fußspuren) parallel zum Bach sowie die Abkürzungen beim Anstieg zur Buchsteinhütte. Kaum Lawinengefahr, wenn doch, wird die Strecke gesperrt.

 HÖHENUNTERSCHIED
Zur Schwarzentennalm 200 Hm im Anstieg, zur Buchsteinhütte weitere 215 Hm

 GEHZEITEN
Zur Schwarzentennalm 1¼ Std., Anstieg zur Buchsteinhütte ¾ Std., Rückweg auf dem Anstiegsweg 1 Std., **Gesamtgehzeit: 3 Std.**

 AUSRÜSTUNG
Teleskopstöcke; für den Anstieg zur Buchsteinhütte Grödeln empfehlenswert

 EINKEHR & ÜBERNACHTUNG
Schwarzentennalm (1027 m), nahezu ganzjährig bewirtschaftet, im Winter Mittwoch und Donnerstag Ruhetag, Tel. 08029/386, www.tegernsee.com/a-schwarzentenn-alm
Buchsteinhütte (1240 m), ganzjährig bewirtschaftet, im Winter Montag und Dienstag Ruhetag, 40 Betten und Lager, Tel. 08029/244, www.buchsteinhuette.com

KARTENHINWEIS Topographische Karte 1:50 000 Blatt „Mangfallgebirge" (LDBV)

ISARWINKEL

29 VON LENGGRIES ZUR LENGGRIESER HÜTTE

Ein Besuch der Ganzjahreshütte am Seekarkreuz

Hinein in den dicht verschneiten Winterwald

Die Lenggrieser Hütte ist im Winter erste Wahl, wenn wir eine gemütliche Hütte als Ziel vor Augen haben, der Anstieg nicht zu lange dauern soll und zu guter Letzt ein leichter Aussichtsgipfel auf dem Programm steht. Neben einem gemütlichen Ambiente bieten die Wirtsleute eine bodenständige Küche, was nach einem Anstieg bei kühlen Temperaturen nicht zu verachten ist. So gibt es Schweinekrustenbraten, Wildgerichte, Ausgezogene, Striezel, Suppen und natürlich typische Brotzeiten. Falls wir unter der Woche wandern, kann die Küche aber schon mal weniger üppig ausfallen.

Das Großartige dieser Alpenvereinshütte ist natürlich die ganzjährige Öffnungszeit. Überdies verfügt die Hütte über einen lawinensicheren Zugangsweg; dies gilt für den Aufstieg in Richtung Hirschtalsattel sowie für den Abstieg über die Grasleite.

Auch der Hüttengipfel – die Seekarspitze – kann im Winter ohne besondere Ausrüstung bestiegen werden. Dann zeigen sich bei schönem Wetter die umliegenden Berge besonders klar. Nach Neuschnee sollte aber der Rat des Hüttenwirts eingeholt werden.

Der Aufstieg über den Winterweg

Vom Wanderparkplatz in Hohenburg folgen wir dem ausgeschilderten, meist geräumten Wirtschaftsweg in Richtung Hirschtalsattel. Der Anstieg zur Lenggrieser Hütte zweigt bei der hohen Brücke rechts ab, verläuft kurz auf dem Sulzersteig und verlässt diesen bald nach links. Der Weg trifft weiter oben auf den Hüttenfahrweg, der vom Hirschtalsattel herüberführt, dem wir anschließend rechts nahezu eben zur Hütte folgen – vorbei unter den tief unter Schnee liegenden Seekaralmen. Bei hoher Schneelage wandern wir jedoch komplett auf dem Fahrweg über den Hirschtalsattel.

Der Abstecher zum Seekarkreuz

Da die Alpenvereinshütte etwas im Wald liegt und nur einen Ausblick nach Westen gestattet, unternehmen wir diesen Abstecher gerne, um die ganze winterliche Pracht der Bayerischen Voralpen genießen zu können. Von der Lenggrieser Hütte folgen wir dem in Richtung Osten führenden Weg (Wegtafeln, Mark.-Nr. 621/622), der uns bald durch dichten Wald zum östlichen Gipfelkamm führt. Auf diesem geht es links hinauf über freies Gelände zum großen Kreuz. In der Regel finden wir hier einen gespurten Pfad vor. Lediglich nach Neuschnee kann die Wegfindung etwas beschwerlich sein.

Verdiente Pause an der Lenggrieser Hütte

Der Abstieg über die Grasleite

Diese Hüttenwegsvariante kann nur bei guten Bedingungen empfohlen werden. Nach Tauwetter und wieder anziehenden Temperaturen kann er stark vereist sein. Der Weg ist jedoch gut ausgeschildert und leicht zu finden.

TOURISTINFO

Tourist Information Lenggries, 83661 Lenggries, Tel. 08042/500 88 00, www.lenggries.de

ANFAHRT

Mit dem Auto: Auf der Salzburger Autobahn (A8) bis zur Ausfahrt Holzkirchen (alternativ über die Garmischer Autobahn/A95 bis Ausfahrt Sindelsdorf und weiter nach Bad Tölz), dann auf der B13 über Bad Tölz und Lenggries zum Ortsteil Hohenburg. Dort links ab zum gebührenpflichtigen Wanderparkplatz vor dem Schloss.
Mit Bahn & Bus: Mit der Bayerischen Oberlandbahn (BOB) bis zur Endstation Lenggries, dann weiter zu Fuß auf schönem Wanderweg parallel zur Straße nach Hohenburg.

KARTENHINWEIS
Topographische Karte 1:50 000 Blatt „Tölzer Land – Starnberger See" (LDBV)

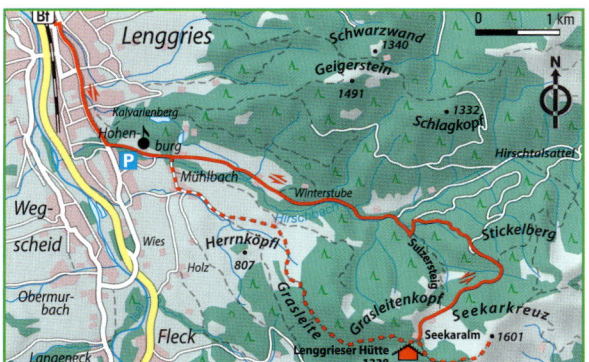

AUSGANGS-/ENDPUNKT
Lenggries (697 m) bzw. Wanderparkplatz in Hohenburg (710 m)

ANFORDERUNG
Zu Beginn geräumter Wirtschaftsweg, dann leichter Bergsteig (nur zu Beginn über den „Sulzersteig", der den üblichen Sommerweg darstellt). Der Abstieg über die Grasleite erfolgt ebenfalls auf Bergsteig. Beide Steige sind im Winter schon mal vereist, deshalb ist die Mitnahme von Grödeln und Teleskopstöcke sehr zu empfehlen. Dies gilt auch für den Gipfelweg zum Seekarkreuz.

HÖHENUNTERSCHIED
930 Hm im Auf- wie im Abstieg, einschließlich Gipfelwanderung

GEHZEITEN
Anstieg von Lenggries über den Winterweg 2½ Std., Abstieg über die Grasleite 1½ Std. Anstieg von der Hütte zum Seekarkreuz ¾ Std., Abstieg zur Hütte ½ Std., **Gesamtgehzeit: 5¼ Std.**

AUSRÜSTUNG
Teleskopstöcke, Grödeln und Gamaschen. Besonders für den Abstieg über die sogenannte Grasleite sind – je nach Verhältnissen – Grödeln unabdingbar, will man nicht ständig ins Rutschen kommen.

EINKEHR & ÜBERNACHTUNG
Lenggrieser Hütte (1338 m), AV-Hütte, Kat. I, 52 Lager, ganzjährig bewirtschaftet, im Frühjahr und im Dezember jeweils 3 Wochen geschlossen, Dienstag Ruhetag, bei Gruppen Voranmeldung ratsam, Tel. 08042/563 30 96, www.lenggrieserhuette.de
In Lenggries der **Lenggrieser Hof**, Landgasthof **Wieserwirt** oder das traditionelle Hotel-Restaurant **Beim Altwirt**

ZUR STIE-ALM AUF DEM BRAUNECK

Ein Ausflugsziel nicht nur für Skifahrer

Seltene Idylle bei der Stie-Alm

Ob im Sommer oder im Winter – das Brauneck hat immer Saison – wir werden auf diesem Ausflug also ganz sicher nicht alleine sein. Dies ist natürlich auch der Brauneckbahn geschuldet, die uns bequem in aussichtsreiche Höhen bringt. Im Winter ist hier das Revier der Skifahrer, doch auch wir Winterwanderer finden dort oben ein paar Strecken, die unseren Geschmack nach winterlicher Umgebung befriedigen. Vom Gipfel des Braunecks, aber auch entlang unseres Winterwanderweges genießen wir großartige Ausblicke aufs Alpenvorland und hinüber zur Benediktenwandgruppe. Und falls wir einen klaren Tag erwischen, gibt es auch Wintersonne pur – schließ-

lich bewegen wir uns im Bereich der Baumgrenze. Vom Start bis zum Wendepunkt unserer Wanderung bieten uns zudem fünf Hütten und Almen Einkehr und sogar Übernachtung an. Was wollen wir mehr!?

Der Gipfelabstecher zum Brauneck

Auch wenn unser Ziel bei dieser nicht sehr langen Winterwanderung die Stie-Alm ist, lassen wir uns den kleinen Abstecher hinauf zum Gipfel des Braunecks nicht entgehen. Von der Bergstation gehen wir auf geräumtem breiten Weg hinauf zum Brauneck-Gipfelhaus und anschließend die wenigen Meter weiter zum eigentlichen Gipfel. Falls wir eine Winternacht am Berg verbringen wollen, ist die Alpenvereinshütte ideal, denn sie bietet zum Übernachten Zwei-, Vier- und Achtbettzimmer.

Der Kleine Panoramaweg

Von der Bergstation der Brauneckbahn wandern wir auf dem breiten, ausgeschilderten „Winterwanderweg" aussichtsreich und mit geringem Gefälle hinab zur bewirtschafteten Tölzer Hütte; das wäre eine erste Einkehrstation. Wenn wir die steile Almstraße in ein paar Kehren hinabsteigen, erreichen wir die Quenger- und die Strasseralm, die uns ebenfalls zu einem Halt animieren wollen. Auch bei diesen beiden Hütten haben wir von der Terrasse aus einen freien Blick auf die gegenüberliegende Benediktenwandgruppe und auf die Bergspitzen des Karwendels. Anschließend geht es nun mit einer langen Gegensteigung (Teleskopstöcke sind hier unerlässlich) hinauf zu den freien Flächen rund um die Stie-Alm (1520 m), die in einem weiten Hochtalkessel liegt und vor allem von Skifahrern frequentiert wird. Gleich nebenan steht die Herz-Jesu-Kapelle. Auf der großen Terrasse könnten wir leicht den Rest des Tages verbringen und dem Treiben rund um die Hütte zuschauen. – Der Rückweg erfolgt auf dem Kleinen Panoramaweg.

 TOURISTINFO

Tourist-Information Lenggries,
Rathausplatz 2, 83661 Lenggries,
Tel. 08042/500 88 00. www.lenggries.de

ANFAHRT

Mit dem Auto: Auf der Salzburger Autobahn (A8)
bis zur Ausfahrt Holzkirchen, dann auf der B13
über Bad Tölz nach Lenggries. Oder über die
Garmischer Autobahn (A95) bis Ausfahrt Penzberg/
Iffeldorf, dann weiter über Bad Heilbrunn und Bad
Tölz nach Lenggries; dort über die Isarbrücke zur
Talstation der Brauneckbahn.
Mit Bahn & Bus: Mit der Bayerischen Oberland-
bahn (BOB) von München über Bad Tölz nach
Lenggries. Von dort mit dem Bus zur Talstation
der Brauneckbahn oder 30 Minuten zu Fuß.

BERGBAHN

Brauneckbahn, ganzjährig betriebene Großkabinenbahn, Fahrzeiten in der Wintersaison
von Anfang Dezember bis Ostermontag täglich
von 8.15 – 16.30 Uhr, Tel. 08042/50 39 40,
www.brauneck-bergbahn.de

KARTENHINWEIS
Topographische Karte 1:50 000 Blatt
„Tölzer Land – Starnberger See" (LDBV)

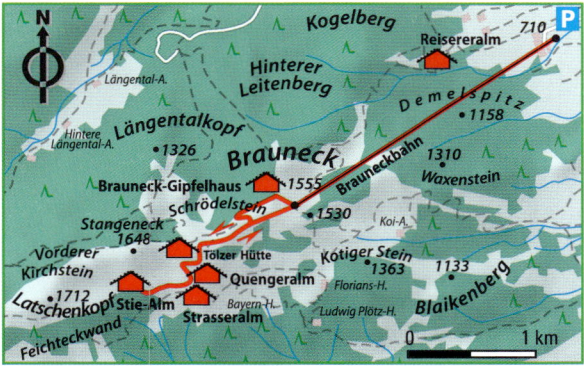

AUSGANGSPUNKT

Bergstation der Brauneckbahn (1530 m)

ANFORDERUNG

Kleiner Panoramaweg: Leichte Wanderung auf
breiten, präparierten Wanderwegen bzw. Wirtschaftswegen. Einige kurze steile Passagen im
Ab- wie im Aufstieg, besonders das letzte Stück
zur Stie-Alm hat es in sich.

HÖHENUNTERSCHIED

100 Hm im Ab- bzw. im Aufstieg

GEHZEITEN

Kleiner Panoramaweg von der Bergstation über
die Tölzer Hütte zur Stie-Alm für Hin- wie Rückweg
jeweils 1 Std., **Gesamtgehzeit: 2 Std.**

AUSRÜSTUNG

Teleskopstöcke und Grödeln oder Spikes, da einige
steilere Passagen zu bewältigen sind.

EINKEHR & ÜBERNACHTUNG

Stie-Alm (1520 m), ganzjährig bewirtschaftet, im November sowie nach Ostern Betriebs-
ferien, 80 Betten in Zimmern und Lagern,
Tel. 08042/23 36, www.stie-alm.de
Brauneck-Gipfelhaus (1540 m), Alpenvereinshaus, ganzjährig bewirtschaftet, von Mitte November bis Mitte Dezember und von Ostern bis etwa
Mitte Mai geschlossen, Dienstag Ruhetag, 80 Betten in Zimmern und Lagern, Tel. 08042/87 86,
www.brauneckgipfelhaus.de
Tölzer Hütte (1500m), ganzjährig bewirtschaftet, Montag Ruhetag, Tel. 08043/87 32,
www.tölzerhütte.de
Quengeralm (1440 m), ganzjährig bewirtschaftet,
Dienstag Ruhetag, 27 Betten, Tel. 08042/507 92 05,
www.quengeralm-brauneck.de
Strasseralm (1435 m), nahezu ganzjährig bewirtschaftet, www.lenggries.de/strasser-alm-am-
brauneck

BLOMBERG UND ZWIESEL

Ein Bergwirtshaus, eine Gipfeleinlage und eine Rodelbahn

Einsame Spur am Zwiesel-Gipfel

Am Blomberg ist immer was los. Schließlich gibt es an diesem Vorgebirgsgipfel eine gute Gaststätte und die Blombergbahn hilft uns bequem hinauf. Ruhiger geht es zu, wenn wir den Aufstieg über die Forststraße nehmen. Erst beim Blomberghaus trifft uns dann mit Wucht der Massenbetrieb. Die großartige Aussicht – auf Brauneck, Benediktenwand und das Alpenvorland – müssen wir uns aber erst noch erwandern. Denn weder beim Aufstieg, noch am Blomberghaus erwartet uns ein freier Blick. Der freie Zwieselgipfel ist nur einen Katzensprung entfernt. Wer den Blomberg auf die Schnelle erreichen will, nimmt natürlich die Blombergbahn in Anspruch – und saust mit dem Schlitten auf einer der schönsten Naturrodelbahnen Deutschlands ins Tal. Schlitten können wir an der Tal- oder Mittelstation ausleihen.

Der Anstieg zum Blomberghaus

Vom Parkplatz an der Talstation der Blombergbahn halten wir uns rechts (Wegweiser „Blomberghaus") und folgen dem breiten Forstweg bergan. Nach 200 Metern nehmen wir bei der Weggabelung den rechten Abzweig und wandern geradeaus durch Wald in einem weiten Bogen um den Blomberg herum. Der Weg ist nicht sehr steil und führt streckenweise eben dahin – an einer Stelle geht es sogar ein wenig abwärts. Über eine weite Kehre erreichen wir den Sattel „Kotlache" (wo wir den Gipfelabstecher sofort einlegen können; rechts auf gespurtem Weg). Dann wandern wir nahezu eben weiter zum Blomberghaus, das bei schönem Wetter mit seiner großen Terrasse punkten kann. Die Verpflegung kann sehr wohl mit einer „normalen" Wirtschaft im Tal mithalten. Würste, Knödel, Braten, Suppen: alles ist vertreten, um hungrige Wanderermägen aufs Beste zu füllen. Falls wir uns die Einkehr für später aufheben wollen, gibt es an der Talstation noch die Blombergtenne.

Die Gipfelwanderung

Falls wir mit der Blombergbahn gekommen sind, leitet uns von der Bergstation ein breiter Wirtschaftsweg zunächst leicht fallend durch Wald, dann wieder ansteigend hinüber zum Blomberghaus (das letzte Stück ist bereits Rodelbahn). Von dort wandern wir weiter auf dem breiten, nun aussichtsreicheren Weg – links sehen wir das langgezogene Brauneck – mäßig ansteigend zum Sattel an der „Kotlache". (Hier mündet unser Anstiegsweg über die Forststraße ein). Wir verlassen den breiten Weg nach links und folgen den Fußspuren durch lichten Wald in Richtung Zwieselgipfel bergan. Zuletzt geht es über freies Gelände zum höchsten Punkt des Blombergs.

 TOURISTINFO

Tourist-Information Bad Tölz,
Max-Höfler-Platz 1, 83646 Bad Tölz,
Tel. 08041/78 670, www.bad-toelz.de

ANFAHRT

Mit dem Auto: Auf der Garmischer Autobahn (A95) bis zur Ausfahrt Penzberg/Iffeldorf oder Sindelsdorf, dann entweder über Penzberg oder auf der B472 über Bad Heilbrunn in Richtung Bad Tölz bis zur Talstation der Blombergbahn; dort großer Wanderparkplatz.

Mit Bahn & Bus: Mit der Bayerischen Oberlandbahn (BOB) von München über Holzkirchen nach Bad Tölz; von dort weiter mit dem RVO-Bus zur Talstation der Blombergbahn.

AUSGANGSPUNKT

Talstation der Blombergbahn (700 m)

BERGBAHN

Blombergbahn: Doppelsesselbahn mit zwei Sektionen, mit Ausnahme des Novembers ganzjährig

KARTENHINWEIS

Topographische Karte 1:50 000 Blatt „Tölzer Land – Starnberger See" (LDBV)

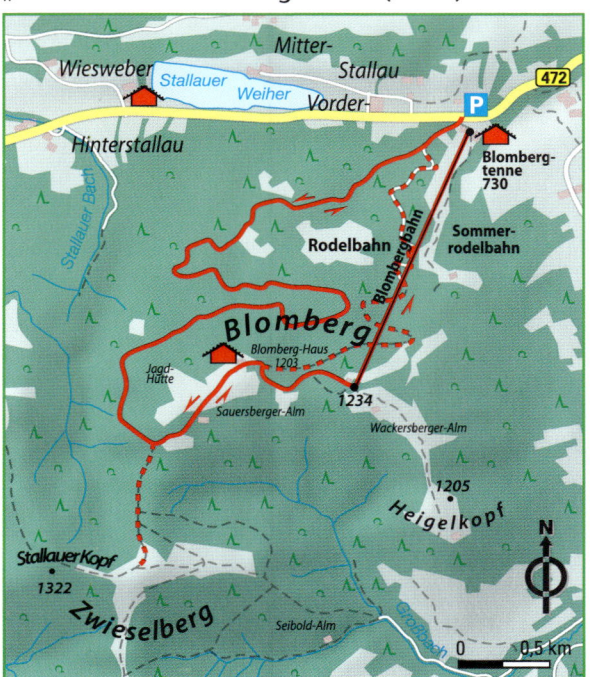

täglicher Betrieb von 9–17 Uhr, Tel. 08041/37 26, www.blombergbahn.de

ANFORDERUNG

Leichte Wanderung auf breitem Wanderweg bzw. Wirtschaftsweg bis zum Sattel vor dem Zwieselberg; dann Bergsteig zum Zwieselgipfel, teilweise steinig. Der direkte Abstieg auf dem Rodelweg kurz hinter dem Blomberghaus ist sehr steil und nicht zu empfehlen (gesperrt; also nur für Rodelfreunde).

HÖHENUNTERSCHIED

Von der Talstation zum Blomberghaus 550 Hm; vom Blomberghaus zum Zwiesel 150 Hm im Anstieg wie im Abstieg

GEHZEITEN

Von der Talstation zum Blomberghaus 2 Std., Anstieg zum Zwiesel vom Blomberghaus ¾ Std. (wir können jedoch direkt von unserem Hüttenweg zum Gipfel gehen, Zeitersparnis 15 Min.), Abstieg auf der Forststraße zur Talstation 1¼ Std., **Gesamtgehzeit:** gute 4 Std.
Übergang von der Bergstation der Blombergbahn zum Blomberghaus 20 Min., Rückweg vom Gipfel zur Bergstation 1 Std.

AUSRÜSTUNG

Teleskopstöcke und Grödeln sind ausreichend; für den Anstieg zum Gipfel evtl. Gamaschen.

EINKEHR & ÜBERNACHTUNG

Blomberghaus (1203 m), nahezu ganzjährig täglich bewirtschaftet, 62 Betten, Tel. 08041/64 36, www.blomberghaus.de
Blombergtenne (730 m), während der Betriebszeiten der Blombergbahn bewirtschaftet, Tel. 08041/796 07 43, www.blombergbahn.com

Ein Aussichtsgipfel mit schützendem Pavillon

Der letzte Anstiegsabschnitt zum Herzogstandgipfel

Die Bayerischen Voralpen waren schon in früher Zeit ein beliebtes Jagdrevier der Bayernherzöge. Ludwig II. machte dann während seiner Amtszeit in der zweiten Hälfte des 19. Jahrhunderts den Herzogstand zu einem seiner Lieblingsberge und ließ knapp unterhalb des Gipfel ein Jagdhaus und auf dem Gipfel einen Pavillon errichten. Der „Märchenkönig" ritt damals noch etwas beschwerlich von der Kesselberghöhe auf dem sogenannten Reitweg hinauf zur Königshütte, den heutigen Herzogstandhäusern. Dieser Route wollen wir folgen, wenngleich in winterlichem Gewande. Mit wenig zusätzlicher Anstrengung können wir einen Panoramablick der Extraklasse genießen, wenn wir anschließend zum Herzogstandgipfel hinaufwandern: Tief unter uns blinkt auf der

einen Seite der Kochelsee herauf, auf der anderen zieht uns der Walchensee in seinen Bann. Darüber erheben sich die Karwendelberge und bei guter Fernsicht sind sogar Großglockner und Großvenediger zu erkennen.

Der Herzogstand bietet sich vor allem deshalb als Winterziel an, weil die Sicht unbeschreiblich ist, die Herzogstandbahn das ganze Jahr über in Betrieb ist und wir bei Zeitknappheit ganz einfach ins Tal schweben können. Der Aufstieg von der Kesselberghöhe zu den Herzogstandhäusern ist gefahrlos. Wer jedoch weiter zum Herzogstandgipfel bzw. zum Pavillon gehen will, sollte sich vorher beim Hüttenwirt erkundigen. Einmal oben angelangt, erwartet uns ein unbeschreibliches Glücksgefühl. Tief unter uns die beiden

Vorgebirgsseen, der Walchensee und der Kochelsee sowie die ganzen Bayerischen Voralpen in all ihrer Herrlichkeit. Denn die Schneeauflage gibt ihnen eine besondere Plastizität, die im Sommerdunst untergeht. Falls der Wind dort oben zu heftig weht – kein Problem! Schließlich gibt es den schützenden Pavillon. Und zum Aufwärmen nach dem Gipfelabstecher genießen wir in den Herzogstandhäusern etwas Deftiges: Neben den üblichen Brotzeiten und Suppen (z. B. Linsensuppe) gibt es auch Schweinsbraten, Kaiserschmarrn und selbstgemachte Kuchen. Wenn die Wetterverhältnisse gut sind, können wir sogar auf der großen, geschützten Sonnenterrasse verweilen.

Von der Kesselberghöhe zu den Herzogstandhäusern

Auf der Kesselberghöhe halten wir uns links – in Richtung Kochelsee – und starten unsere Wanderung am Beginn des ausgeschilderten Wirtschaftsweges. Der ehemalige königliche Reitweg ist nicht geräumt, aber in der Regel gut ausgetreten und gut zu erkennen. Wir steigen zunächst gemächlich an, wenden uns bei der ersten Wegverzweigung rechts, bei der zweiten links und treffen dann auf die Skipiste. Wir halten uns immer an deren Rand oder folgen den orangefarbenen Markierungen (dann geht es aber möglicherweise durch tiefen Schnee). Nach viel Neuschnee sollten wir uns auf jeden Fall an der Piste orientieren. An der Talstation eines Schleppliftes vorbei zieht unser Weg dann in Kehren hinauf zu den Herzogstandhäusern.

Der Weiterweg zum Gipfel

Unser Ziel ist vom Unterkunftshaus bereits gut einsehbar. Im Sommer leitet ein gut ausgeschilderter Wanderweg hinauf zum Herzogstand. Im Winter müssen wir jedoch mit Pfadspuren vorlieb nehmen, die Route ist jedoch klar. Mäßig ansteigend geht es rechts am Martinskopf vorbei und direkt auf den dicht mit Latschen bewachsenen

KARTENHINWEIS

Topographische Karte 1:50 000 Blatt „Tölzer Land – Starnberger See" (LDBV)

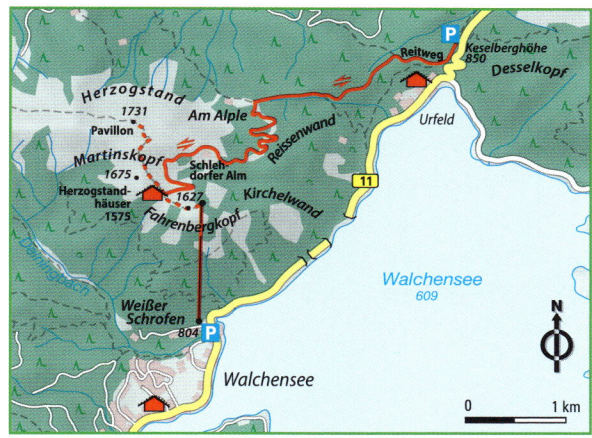

Schutz vor dem Wind im Gipfelpavillon

Gipfelhang zu. Über zahlreiche Serpentinen steigen wir bergwärts, erreichen zuerst das etwas tiefer gelegene Gipfelkreuz und wandern dann in wenigen Minuten hinauf zum höchsten Punkt, den ein Pavillon schmückt (1731 m).
Die Rückkehr erfolgt auf dem Anstiegsweg.

 ## TOURISTINFO

Tourist-Information, Ringstraße 1, 82432 Walchensee, Tel. 08858/411, www.walchensee.de

Der Grat zum Heimgarten – im Winter eine alpine Tour

 ## ANFAHRT

Mit dem Auto: Auf der Garmischer Autobahn (A95) bis zur Ausfahrt Kochelsee, dann auf der St. 2062 nach Kochel und weiter auf der B11 hinauf zur Kesselberghöhe; dort gibt es im Bereich der Kesselberghöhe (kurz davor und auf der Walchenseeseite) mehrere Wanderparkplätze. Falls wir uns den Aufstieg sparen wollen, können wir auch mit der Herzogstandbahn hinauffahren. In diesem Fall fahren wir weiter nach Walchensee zur Talstation der Herzogstandbahn mit großem, gebührenpflichtigem Wanderparkplatz.
Mit Bahn & Bus: Mit der Bahn von München über Weilheim und Murnau nach Kochel am See; von dort weiter mit dem RVO-Bus zur Kesselberghöhe (den Fahrer informieren, wo man aussteigen will) oder weiter nach Walchensee zur Talstation der Herzogstandbahn.

 ## AUSGANGS-/ENDPUNKT

Kesselberghöhe (849 m) oder Bergstation der Herzogstandbahn (1600 m)

ANFORDERUNG

Die Strecke von der Kesselberghöhe bis zu den Herzogstandhäusern führt in der Regel entlang einer ausgetretenen Fußspur bzw. im oberen Bereich entlang der Skipiste (entsprechende Hinweisschilder beachten!).
Der weitere Aufstieg vom Berggasthaus zum Herzogstand hängt von der Schneelage und den sonstigen Wetterbedingungen ab. Im Hochwinter bei hoher Schneelage ist die Route nicht ungefährlich. Grödeln und Teleskopstöcke unbedingt mitnehmen.

 ## BERGBAHN

Herzogstandbahn (Großkabinenbahn), nahezu ganzjährig in Betrieb, in der Nebensaison (also im Winter) von 9–16 Uhr bzw. nur nach Bedarf, Mittagspause von 12–13 Uhr, Tel. 08858/236, www.herzogstandbahn.de

Der Blick über den Grat zum Rötelstein

HÖHENUNTERSCHIED

Von der Kesselberghöhe zu den Herzogstandhäusern 726 Hm; von der Bergstation der Bergbahn zum Berggasthaus Herzogstand 25 Hm im
Abstieg, von dort hinauf zum Pavillon auf dem
Herzogstand 160 Hm

GEHZEITEN

Von der Kesselberghöhe zu den Herzogstand-
häusern 3 Std., Gipfelaufstieg 1 Std., Abstieg
von dort zum Berggasthaus ½ Std., Abstieg zum
Ausgangspunkt 2 Std., **Gesamtgehzeit:** 6½ Std.
Alternativ: Übergang in 15 Min. zur Bergstation der
Herzogstandbahn, Abfahrt, Rückkehr mit RVO-Bus.

AUSRÜSTUNG

Teleskopstöcke, Gamaschen und auch Grödeln
sind nicht verkehrt.

EINKEHR & ÜBERNACHTUNG

Berggasthaus Herzogstand (1575 m), ganzjährig bewirtschaftet mit Ausnahme von
Mitte November bis Weihnachten, im Winter
Montag bis Donnerstag Ruhetag, während
der bayerischen Schulferien durchgehend
geöffnet, 25 Betten, 39 Lager, Übernachtung
nur nach Voranmeldung, Tel. 08851/234,
www.berggasthaus-herzogstand.de
Gasthäuser am Walchensee

RUND UM
DIE ZUGSPITZE

DURCH DIE MITTENWALDER BUCKELWIESEN

Vom Barmsee zum Tonihof und zurück

Die typische Landschaftsform der Buckelwiesen mit den klassischen Heustadeln

Die Bauernwiesen im Dreieck Mittenwald, Krün und Klais sind eine mittlerweile seltene Landschaftsform, die in der letzten Eiszeit durch den Isargletscher entstand und von Menschen zur heutigen Kulturlandschaft geformt wurde. Die charakteristischen Buckel bildeten sich unter Fichtenbeständen, da diese die Erosion des Kalkgesteins verminderten. Heute sind diese Buckelwiesen geschützt und die Bauern werden mit EU-Fördermitteln dazu angehalten, traditionell zu wirtschaften und ein Zuwachsen zu verhindern. Im Winter gehört dieser Wandervorschlag zu den sonnenreichsten Touren in diesem Band. Falls winterliche Sonnenstrahlen zu erwarten sind, hier bekommen wir sie bestimmt ab. Eingefasst wird diese Wanderung von den schneebedeckten Gipfel des Karwendelgebirges zur linken und der westlichen Wettersteingipfel zur rechten Seite. Auf dem Rückweg sehen wir vor uns das Estergebirge.

Die Wanderung durch die Buckelwiesen

Vom Parkplatz beim Gasthof Barmsee folgen wir rechts dem Sträßchen, das Richtung B2 führt; nach den letzten Häusern unterqueren wir diese und folgen nach dem Bach sofort links einem Feldweg. Zunächst geht es am Bach entlang, dann in einem leichten Rechtsbogen. Über einen quer führenden Weg hinweg erreichen wir nach einem Wäldchen und der Kapelle Maria Rast ein gesperrtes Teersträßchen, das im Winter geräumt ist. Dort halten wir uns rechts und folgen dem Isartaler Wanderweg (Mark.-Nr. 400) nach Süden. Wir gehen immer geradeaus durch die schneebedeckten, weitläufigen Wiesen – links und rechts sehen wir einige Bauernhöfe und Heustadeln. Nach einer knappen Dreiviertelstunde ab der Kapelle und nachdem wir zwei schöne Bauernhöfe, darunter die Goasalm direkt an der Straße, passiert haben, treffen wir auf den Zufahrtsweg zum Tonihof, der leicht erhöht ist. Falls wir bis zur Kapelle hinaufwandern, erhalten wir eine schöne Aussicht auf die Buckelwiesen. Auf dem Rückweg können wir bei der reizvollen Goasalm einkehren, uns aufwärmen und eine kleine Brotzeit zu uns nehmen. Direkt gegenüber sehen wir die Ausschilderung nach Klais. Der Feldweg bringt uns schließlich zu einem quer führenden Sträßchen, dem wir nach links bis kurz vor die Bahnlinie nach Mittenwald folgen. Dort halten wir uns rechts, gehen immer geradeaus, rechts am Tennsee vorbei und treffen wieder auf unseren Herweg. Links haltend unterqueren wir die B2 und kommen links zu unserem Ausgangspunkt beim Gasthof Barmsee.

 ## TOURISTINFO

Tourist-Information Mittenwald,
Dammkarstraße 3, 82481 Mittenwald,
Tel. 08823/33 981, www.mittenwald.de

KARTENHINWEIS
Topographische Karte 1:50 000 Blatt „Werdenfelser Land – Ammergebirge" (LDBV)

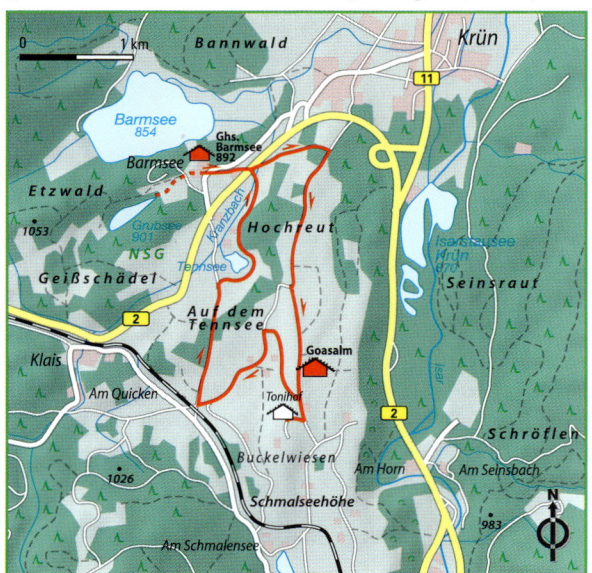

 ## ANFAHRT

Mit dem Auto: Auf der Garmischer Autobahn (A95) bis Eschenlohe, dann auf der B2 nach Garmisch-Partenkirchen und weiter in Richtung Mittenwald; knapp 2 km nach Klais rechts Abfahrt von der B2, unter dieser links hindurch und auf schmalem Sträßchen zum Wanderparkplatz (gebührenpflichtig) vor dem Gasthof Barmsee.
Mit Bahn & Bus: Mit der Bahn von München über über Garmisch-Partenkirchen in Richtung Mittenwald bis zum Haltepunkt Klais. Von dort weiter mit dem RVO-Bus bis zur Haltestelle Barmsee.

 ## AUSGANGSPUNKT

Wanderparkplatz beim Gasthof Barmsee (892 m)

ANFORDERUNG

Leichte Wanderung auf breiten Wander- bzw. Wirtschaftswegen, die in der Regel geräumt bzw. gespurt sind. Da die Wege überwiegend geteert sind, apern sie im Spätwinter auch schnell aus.

 ## HÖHENUNTERSCHIED

Auf der gesamten Runde nur wenige Höhenmeter (etwa 90 Hm im Auf- wie im Anstieg), also zu vernachlässigen

 ## GEHZEITEN

Vom Wanderparkplatz bis zum Wendepunkt der Tour beim Hotel Tonihof 1 ½ Std., für den Rückweg 1 ½ Std., **Gesamtgehzeit: 3 Std.**

EINKEHR & ÜBERNACHTUNG

Unterwegs Verpflegung aus dem Rucksack
Gasthof-Hotel Barmsee (892 m) am Ausgangspunkt, ganzjährig bewirtschaftet, Tel. 08825/20 34, www.barmsee.de
Goasalm in der Nähe vom Tonihof, mit angeschlossenem Hofladen, Montag Ruhetag, Tel. 08823/25 73, www.goas-alm.de

Gefrorenes Wasser und ein Aussichtsgasthof über Garmisch

Eisige Wege durch die Partnachklamm

Die Partnachklamm ist ein Ganzjahreserlebnis. Aber einen besonderen Reiz strahlt diese wohl attraktivste Felsenschlucht oberhalb von Garmisch-Partenkirchen im Winter aus. Das im Sommer herabstürzende Wasser ist im Winter gefroren und bildet mächtige, ja bizarre Eisgebilde, die in der Wintersonne das Licht brechen. Die meterhohen, glitzernden Eiszapfen, das gurgelnde, noch nicht gefrorenen Wasser, die sich ständig verändernde Eislandschaft bilden zusammen ein besonderes Wintererlebnis. Der gesicherte Steig ist im Winter gewartet und gestreut. Falls wir einen Hund mitnehmen wollen, muss er an die Leine.

Die knapp 800 Meter lange Klamm ist nur der erste Teil unserer spektakulären Wanderung. Anschließend geht es über das Vordergraseck hinauf zum aussichtsreich gelegenen Berggasthof Eckbauer, wo wir bei guten Verhältnissen auch im Winter auf der Terrasse sitzen und die prächtige Winterlandschaft des Wettersteingebirges bestaunen können. Der Weg hinab ins Tal ist dann nur mehr ein Hupfer, denn wir nehmen die Eckbauerbahn in Anspruch.

Vom Olympiastadium nach Vordergraseck

Vom Parkplatz beim Olympia-Skistadion schlendern wir zunächst auf der gesperrten Straße bis zum Eingang der Partnachklamm. Diese Strecke könnten wir auch mit der Pferdekutsche zurücklegen, ein Genuss, der unseren Ausflug noch eine zusätzliche Würze gibt.

Dort bietet sich bereits eine erste Einkehrmöglichkeit. Nachdem wir unseren Eintritt entrichtet haben (übrigens: Alpenvereinsmitglieder zahlen weniger!), nimmt uns die gewaltige, 80 Meter hohe Klamm auf, die wir auf einem gut angelegten und gesicherten Steig durchwandern. Am oberen Ende der Schlucht wird es dann schlagartig hell. Wir folgen kurz dem Weg an der nun stillen Partnach, bis links der Weg nach Vordergraseck abzweigt.

Aufstieg zum Berggasthaus Eckbauer

In Vordergraseck nehmen wir den ausgeschilderten Anstiegsweg hinauf zum Eckbauer in Angriff. Er beginnt zwischen den beiden Einkehrstellen Kaiserschmarrnalm und der Almwirtschaft Hanneslabauer und zieht nur leicht ansteigend bergwärts. Im Spätwinter ist er oft ausgeapert. Nach etwa 20 Minuten wird es steil. Links haltend steigen wir über zahlreiche Serpentinen durch bewaldetes Gelände hinauf zum Berggasthof.

Zurück schlendern wir dann auf breiten und geräumten Weg das kurze Stück hinab zur Bergstation der Eckbauerbahn, die uns bequem zu Tal trägt. Der Wanderparkplatz ist gleich links neben der Talstation.

 TOURISTINFO

Tourist-Information Garmisch-Partenkirchen, Richard-Strauß-Platz 1a, 82467 Garmisch-Partenkirchen, Tel. 08821/18 07 00, www.gapa.de

Schneegestöber in der engen Klamm

⦿ ANFAHRT

Mit dem Auto: Auf der Garmischer Autobahn (A95) bis zum Autobahnende, dann auf der B2 weiter bis Garmisch-Partenkirchen; weiter in Richtung Mittenwald, bis rechts Wegweiser zum Olympia-Skistadion leiten. Dort großer, gebührenpflichtiger Parkplatz.

Mit Bahn & Bus: Mit der Bahn nach Garmisch-Partenkirchen; von dort mit dem Ortsbus weiter zum Olympia-Skistadion.

✖ AUSGANGS- UND ENDPUNKT

Olympia-Skistadion in Garmisch-Partenkirchen (707 m)

🚠 BERGBAHN

Die Eckbauerbahn ist eine Kleinkabinenbahn und verbindet das Olympia-Skistadion mit der Bergstation auf einer Höhe von 1230 m. Diese Bergbahn verkehrt ganzjährig, im Winter von 9–16.30 Uhr, Tel. 08821/34 69, www.eckbauerbahn.de

KARTENHINWEIS

Topographische Karte 1:50 000 Blatt „Werdenfelser Land – Ammergebirge" (LDBV)

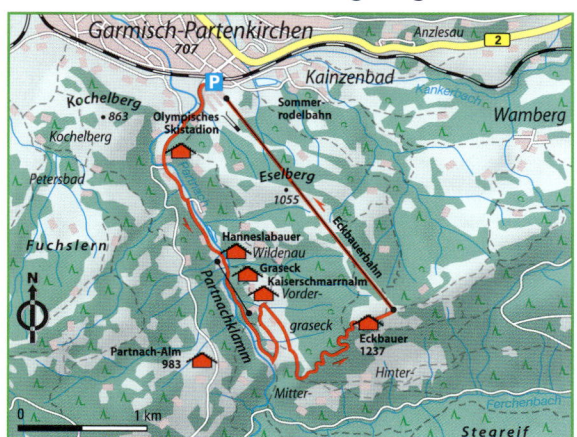

◎ ANFORDERUNG

Der Weg durch die Partnachklamm ist im Winter geräumt und gewartet. Bei Gefahr von Lawinenabgängen und zur Zeit der Schneeschmelze wird die Klamm gesperrt. Für den steilen Aufstieg zum Berggasthaus Eckbauer sind bei Vereisung Teleskopstöcke und Grödeln sehr hilfreich.

◣ HÖHENUNTERSCHIED

530 Hm im Anstieg, 10 Hm im Abstieg, wenn wir die Eckbauerbahn benutzen.

⧖ GEHZEITEN

Vom Olympiastadion durch die Partnachklamm (mit Abstecher zum Vordergraseck) zum Berggasthaus Eckbauer 2¼ Std.; Abstieg zur Bergstation der Eckbauerbahn 10 Min., **Gesamtgehzeit: 2½ Std.**

✖ AUSRÜSTUNG

Teleskopstöcke und Spike, evtl. Grödeln

⌂ EINKEHR & ÜBERNACHTUNG

Einige Gasthäuser am Eingang in die Partnachklamm
Berggasthaus Eckbauer (1237 m), ganzjährig bewirtschaftet, Mittwoch Ruhetag, im November und im April geschlossen, Tel. 08821/22 14, www.eckbauer.de
Panoramarestaurant Graseck (890 m), **Kaiserschmarrnalm** und **Almwirtschaft Hanneslabauer** (Dienstag Ruhetag) in Vordergraseck, jeweils ganzjährig bewirtschaftet

LAUTERSEE, FERCHENSEE UND EDERKANZEL

Von Mittenwald zu zwei reizvollen Bergseen

Im Lautersee spiegelt sich das Karwendelgebirge

Zwei reizvolle Bergseen und eine Aussichtskanzel mit Einkehr sind das Ziel dieser abwechslungsreichen Winterwanderung. Die knapp über 1000 Meter Höhe gelegenen Seen liegen eingebettet zwischen dem Kranzberg und den Ausläufern der Wettersteinwand und sind im Winter in der Regel zugefroren.

Zu Beginn unserer Tour machen wir einen Rundgang durch das reizvolle Mittenwald, das jahrhundertelang an einer wichtigen Handelsstraße lag und für viele Reisende Station auf ihrem Weg nach Italien war. Vom früheren Reichtum zeugen heute noch die prächtigen Bürgerhäuser mit ihren Lüftlmalereien.

Von Mittenwald durch das Laintal zum Lautersee

Wir starten unsere Wanderung am Bahnhof von Mittenwald bzw. in der Ortsmitte, gehen durch die Bahnhofstraße zum Obermarkt (gleich rechts davon liegt das Geigenbaumuseum), besichtigen kurz die Pfarrkirche St. Nikolaus und biegen dann in die Straße Im Gries ein, folgen dieser zur Laintalstraße und stoßen an deren Ende rechts auf den Waldlehrpfad. Auf diesem wandern wir nun bergan durch das reizvolle Laintal zum Lautersee mit mehreren Einkehrmöglichkeiten.

Die Runde um den Ferchensee

Nach dem letzten Wirtshaus biegen wir rechts in einen Wirtschaftsweg ein, der uns parallel zur Fahrstraße zum Ferchensee bringt. Wir umrunden den See – falls die Schneeverhältnisse es zulassen – in einem Linksbogen. Auf dem Wirtschaftsweg geht es dann wieder zurück zum Lautersee.

Der Aufstieg zur Ederkanzel

Am Ostende des Lautersees zweigt rechts bei einer Infotafel ein schmaler Bergwanderweg ab, dem wir bergwärts folgen, bis wir auf den Wirtschaftsweg stoßen, der aus dem Tal zur Ederkanzel führt. Diesem folgen wir nun rechts bis zum Berggasthaus, das sich direkt auf der Grenze zwischen Bayern und Tirol befindet und vor allem nach Süden einen grandiosen Ausblick bietet.

Abstieg nach Mittenwald

Wir gehen kurz auf dem Forstweg zurück und folgen nach der ersten Rechtskurve links dem Wanderweg, der uns geradewegs hinab zum Zufahrtsweg und zur Teerstraße bringt, die Mittenwald mit dem Ferchensee verbindet. Dort halten wir uns rechts und folgen links der Ausschilderung „Mittenwald", die uns ohne Orientierungsprobleme hinab nach Mittenwald leitet, wo wir am Ortsrand auf unseren Anstiegsweg stoßen.

 TOURISTINFO

Kurverwaltung Mittenwald,
Dammkarstraße 3, 82481 Mittenwald,
Tel. 08823/33 981, www.mittenwald.de

ANFAHRT

Mit dem Auto: Auf der Garmischer Autobahn
(A95) bis Eschenlohe, dann auf der B2 über Gar-
misch-Partenkirchen nach Mittenwald, Abfahrt
Mittelwald-Nord. In der Ortsmitte parken.
Mit Bahn & Bus: Mit der Bahn über Garmisch-
Partenkirchen nach Mittenwald.

AUSGANGSPUNKT

Mittenwald (911 m), Bahnhof oder Ortsmitte

ANFORDERUNG

Wanderung auf leichten Bergwanderwegen, einige
Passagen auf Wirtschaftssträßchen. Die gesamte
Strecke ist kein ausgewiesener Winterwanderweg.
Der Aufstieg durch das Laintal ist nicht geräumt, in
der Regel jedoch gespurt. Der Aufstieg zur Eder-
kanzel erfolgt zum Teil auf einem Forstweg.

HÖHENUNTERSCHIED

300 Hm im Auf- wie im Abstieg

KARTENHINWEIS
**Topographische Karte 1:50 000 Blatt
„Werdenfelser Land – Ammergebirge" (LDBV)**

 GEHZEITEN

Von Mittenwald durch das Leintal zum Lautersee 1 Std., Umrundung des Ferchensees 1 Std.,
Aufstieg vom Lautersee zur Ederkanzel 1¼ Std.,
Rückkehr über den Lautersee nach Mittenwald
1 Std., **Gesamtgehzeit:** 4¼ Std.

AUSRÜSTUNG

Teleskopstöcke und Grödeln oder Spikes sind
hilfreich, je nach Zustand der Wege, vor allem
aber für den Aufstieg zum Berggasthaus Ederkanzel. Für den Weg durch das Laintal sind
Gamaschen von Vorteil.

EINKEHR & ÜBERNACHTUNG

Lauterseealm (1016 m) am Lautersee, Montag
Ruhetag, Anfrage vorher ratsam, Tel. 08823/
92 89 32, www.lautersee-alm.de
Berggasthaus am Ferchensee (1065 m),
ganzjährig geöffnet, Freitag Ruhetag,
Tel. 08823/14 09, www.ferchensee.eu
Berggasthaus Ederkanzel (1208 m), privat,
nahezu ganzjährig bewirtschaftet, im Oktober
Mittwoch Ruhetag, von Anfang November bis
Weihnachten nur an den Wochenenden geöff-
net, Tel. 08823/16 81, www.ederkanzel.de
Zahlreiche Gasthöfe in Mittenwald

SEHENSWERTES

Mittenwald ist das Zentrum des Geigenbaus
in den bayerischen Alpen. Der Bauernsohn
Matthias Klotz brachte im Jahre 1684 nach langen Wanderjahren in der Schweiz und Italien die
Geigenbaukunst in seinen Heimatort. Seit über
300 Jahren ist dieser Grenzort nun ein Zentrum
des Geigenbaus. Einen Einblick in diese Kunst
können wir im Geigenbaumuseum (Ballenhaus-
gasse 3) gewinnen.
Öffnungszeiten: In der Regel von 10–17 Uhr,
montags geschlossen, Tel. 08823/25 11,
www.geigenbaumuseum-mittenwald.de

Winterwanderung vor großartiger Kulisse

Der Gschwandtnerbauer – die ersehnte Einkehr, kurz vor dem Abstieg nach Partenkirchen

An den Südhängen des Wank gibt es ein paar schöne Ganzjahresziele für die Einkehr. Der Gschwandtnerbauer ist ein Klassiker, den man nicht groß anpreisen muss. Neu ist die Tannenhütte, die nach dem Brand der Gamshütte neu errichtet wurde. Seit dem Jahr der Eröffnung, also 2017, hat sich die Hüttenwirtin Anna einen Traum erfüllt. Wie auf einem Balkon genießen wir dort oben das überwältigende Panorama des gesamten Wettersteingebirges. Der Weiterweg zum Gschwandtnerbauer ist dann der anspruchsvollere Teil der Tour. Bei großen Schneemengen können wir auch die leichte Tour über Schlattan zum Gschwandtnerbauern unternehmen und auf dem Anstiegsweg zurückkehren

Über die Tannenhütte zum Gschwandtnerbauer

Vom Wanderparkplatz an der Wankbahn folgen wir kurz der Zufahrtsstraße talwärts und biegen dann links in den „Philosophenweg" ein. Auf diesem geht es zur Wallfahrtskirche St. Anton. Wenige Meter oberhalb der Kirche beginnt der schöne Wanderweg zur Tannenhütte. Auf der Hüttenterrasse gönnen wir uns ein erste Pause. Falls es zu kühl ist, können wir durch das Panoramafenster der gemütlichen Gaststube die Felsgiganten des Wettersteingebirges, Zugspitze, Alpspitze und die Waxensteine betrachten. Hinter der Hütte folgen wir dann einem Wanderweg, gehen das weite Tal des Faukenbachs in einem Rechtsbogen aus und biegen nach 20 Minuten links in den Weg (Mark. W2) Richtung Gschwandtnerbauer ein. Wir wandern nun leicht ansteigend durch Wald, überqueren dabei den Steinbichel, wobei wir einige Drehkreuze passieren, und biegen dann rechts ab zum Gschwandtnerbauer.

Anstiegsvariante

Vom Ende der Haseltalstraße führt die im Winter geräumte Zufahrtsstraße über die Hacker-Pschorr-Hängebrücke hinauf zur Tannenhütte (¾ Std.; kürzester Anstieg).

Der Rückweg über Schlattan

Vom Gschwandtnerbauer wandern wir auf dem unbefestigten Wirtschaftsweg hinab nach Höfle, halten uns dort rechts und folgen der Teerstraße leicht ansteigend weiter nach Schlattan. Kurz dahinter stoßen wir auf das Berggasthaus Pfeifferalm. Direkt davor beginnt links haltend ein Wanderweg durch einen freien Hang. An dessen Ende stoßen wir auf einen Wirtschaftsweg, dem wir nach rechts folgen. Im weiteren Verlauf geht es durch verschneite Bergwiesen und Waldstücke bis zur „Schönen Aussicht". Anschließend führt uns ein talwärts führendes Sträßchen zu den ersten Häusern von Partenkirchen. Wir gehen die

Prof.-Michael-Sachs-Straße entlang, dann den Brunnhäuslweg und den Philosophenweg, der uns zurück zum Ausgangspunkt leitet.

TOURISTINFO

Tourist-Information Garmisch-Partenkirchen, Richard-Strauß-Platz 1a, 82467 Garmisch-Partenkirchen, Tel. 08821/18 06, www.garmisch-partenkirchen.de

ANFAHRT

Mit dem Auto: Auf der Garmischer Autobahn (A95) bis Eschenlohe, dann auf der B2 nach Garmisch-Partenkirchen und weiter auf dieser in Richtung Mittenwald, bis links die Straße zur Talstation der Wankbahn (Wegweiser) abzweigt. Dort ist ein großer Wanderparkplatz.
Mit Bahn & Bus: Mit der Bahn von München nach Garmisch-Partenkirchen; von dort zu Fuß weiter in den Ortsteil Partenkirchen und der Ausschilderung zur Wallfahrtskirche St. Anton folgen (½ Std.). Oder vom Bahnhof mit dem Bus (Linie 3, 4 oder 5) bis zur Haltestelle Dr.-Grazert-Straße. Wir beginnen unsere Hauptwanderung in diesem Fall bei der Wallfahrtskirche.

KARTENHINWEIS
Topographische Karte 1:50 000 Blatt „Werdenfelser Land – Ammergebirge" (LDBV)

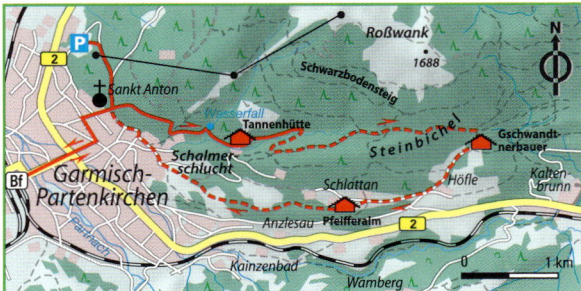

AUSGANGSPUNKT

Wanderparkplatz an der Talstation der Wankbahn (740 m), evtl. Ortsmitte von Garmisch-Partenkirchen

ANFORDERUNG

Leichte Wanderung auf Wanderwegen mit einigen steilen Abschnitten. Der Weg über die Tannenhütte ist nicht geräumt oder präpariert. Es gibt aber in der Regel einen gut ausgetretenen Fußpfad. Es besteht nur geringe Lawinengefahr. Der Anstieg zur Tannenhütte könnte zeitweilig gesperrt sein. Der Rückweg verläuft dann überwiegend auf Wirtschaftswegen und Ortsverbindungssträßchen. Der Abstieg vom Gschwandtnerbauer erfolgt auf geräumten Wirtschaftswegen.

HÖHENUNTERSCHIED

570 Hm im Aufstieg und im Abstieg

GEHZEITEN

Vom Wanderparkplatz an der Wankbahn-Talstation bis zur Tannenhütte 1 Std., Weiterweg zum Gschwandtnerbauern 1½ Std., Rückweg über Schlattan zum Ausgangspunkt 2 Std., **Gesamtgehzeit: 4½ Std.**

AUSRÜSTUNG

Normale Winterausrüstung mit griffigen Sohlen, Teleskopstöcken sowie Grödeln

EINKEHR & ÜBERNACHTUNG

Tannenhütte (940 m), ganzjährig bewirtschaftet, Montag Ruhetag, Tel. 0171/623 24 55, www.tannenhuette.de
Gschwandtnerbauer (1020 m), ganzjährig bewirtschaftet, Montag und Freitag Ruhetag, Tel. 08821/21 39, www.gschwandtnerbauer.bayern
Gasthaus Pfeifferalm in Schlattan (1000 m), ganzjährig bewirtschaftet, Dienstag Ruhetag, Tel. 08821/27 20, www.pfeiffer-alm-garmisch-partenkirchen.de

AMMERGAUER
ALPEN

Ein Berggasthaus, ein Bergsee und eine berühmte Burgruine

Ausblick vom Kramerplateauweg auf Garmisch

Der Kramerplateauweg oberhalb von Garmisch-Partenkirchen gilt als ein Aussichtsbalkon par excellence. Direkt gegenüber erheben sich der Wank, der zum Estergebirge gehört, und das Wettersteingebirge, über das Talbecken hinweg sehen wir die Steilabbrüche des Karwendelgebirges. Aber wir wollen noch ein bisschen höher: Das Gasthaus St. Martin am Grasberg steht auf einem Geländevorsprung an der Südostseite des Kramer. Anschließend geht es weiter zur Burgruine Werdenfels. Der Rückweg erfolgt auf dem nahezu eben verlaufenden Kramerplateauweg.

Aufstieg zum Gasthaus St. Martin am Grasberg

Vom Wanderparkplatz beim Gasthaus Almhütte geht es in wenigen Schritten hinauf zum Kramerplateauweg. Dort weist uns ein großer hölzerner Wegweiser die Richtung. Wir halten uns rechts und nahezu eben geht es nun am Bergfuß entlang durch freies Gelände und lichten Wald, bis uns ein weiterer Wegweiser nach links in den Wald hinein leitet; in Kehren wandern wir nun auf dem Versorgungsweg bergan. Bei einer Weggabelung geht es links über zahlreiche steile Serpentinen durch Wald hinauf zum Gasthaus St. Martin.

Abstieg und Übergang zur Burgruine Werdenfels

Vom Gasthaus St. Martin geht es auf dem Anstiegsweg in Serpentinen wieder hinab zum Kramerplateauweg, dem wir nun nach links folgen. Im leichten Auf und Ab erreichen wir die Zufahrtstraße zum Pflegersee. Diese queren wir, halten uns dann rechts, umwandern den Schmölzer See in einem Linksbogen und folgen einer Forststraße, bis rechts der Abzweiger zur Werdenfelser Hütte angezeigt wird. An der Hütte vorbei und leicht ansteigend gelangen wir zum ehemaligen Tor der Burgruine Werdenfels.

Von der Werdenfelser Hütte zurück zum Ausgangspunkt

Nach Ruinenbesichtigung und Einkehr wandern wir auf dem Zufahrtsweg ein Stück zurück und folgen dann linker Hand dem breiten Kramerplateauweg zum Ausgangspunkt.

Variante

Etwa eine Viertelstunde Gehzeit unterhalb des Gasthauses St. Martin verweist linker Hand ein Wegweiser auf den Kellerleitensteig. Zunächst geht es noch auf breitem Weg weiter, dann verengt sich dieser und erfordert Aufmerksamkeit. Durch die mit Mischwald bestandene Südostflanke des Kramers geht es hinüber zum Pflegersee. Auf der gegenüberliegenden Seite befindet sich das gleichnamige Gasthaus direkt am Ufer. Anschließend folgen wir der Zufahrtsstraße zum Gasthaus etwa 250 Meter talwärts, bis links der breite ausgeschilderte Wanderweg hinüber zur Burgruine Werdenfels führt.

KARTENHINWEIS

**Topographische Karte 1:50 000 Blatt
„Werdenfelser Land – Ammergebirge" (LDBV)**

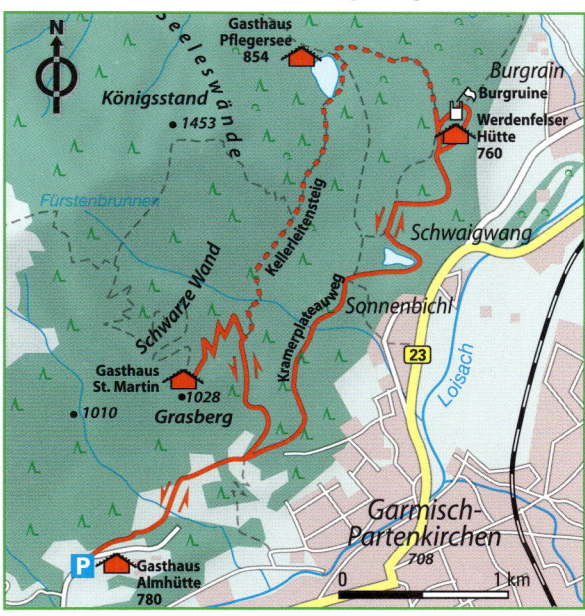

TOURISTINFO

Tourist-Information Garmisch-Partenkirchen,
Richard-Strauß-Platz 2, 82467 Garmisch-
Partenkirchen, Tel. 08821/18 07 00,
www.garmisch-partenkirchen.de

ANFAHRT

Mit dem Auto: Auf der Garmischer Autobahn
(A95) bis Eschenlohe, dann auf der B2 weiter in
Richtung Garmisch-Partenkirchen; nach dem lan-
gen Tunnel rechts ausfahren und der Ausschilde-
rung nach Griesen/Fernpass folgen. Kurz vor dem
Ortsende rechts hinauf zum Gasthaus Almhütte.
Wanderparkplätze entlang der Straße.
Mit Bahn & Bus: Mit der Bahn nach Garmisch-
Partenkirchen. Von dort mit dem Ortsbus zum
Bergfuß (aussteigen bei der Wendeschleife); dann
weiter zu Fuß hinauf zum Gasthaus Almhütte.

✖ AUSGANGSPUNKT

Wanderparkplatz kurz vor dem Gasthaus
Almhütte (780 m)

◎ ANFORDERUNG

Leichte Wanderung auf breiten und geräumten Winterwanderwegen. Der Anstieg zum
Gasthaus St. Martin ist steil, der weitere erfolgt
auf dem nahezu eben verlaufenden, leichten Kramerplateauweg. – Variante: Der direkte Übergang
vom Gasthaus St. Martin zum Pflegersee auf dem
Kellerleitensteig ist stellenweise schmal. Nicht
bei hoher Schneelage oder bei Gefahr der Vereisung begehen.

▲ HÖHENUNTERSCHIED

Anstieg zum Berggasthaus St. Martin 270 Hm;
ansonsten sind nur wenige Höhenmeter.

⧗ GEHZEITEN

Vom Wanderparkplatz zum Gasthaus St. Martin
1 Std., Abstieg und Übergang auf dem Kramerplateauweg zur Burgruine Werdenfels 2 Std.
Rückkehr zum Ausgangspunkt 1½ Std. **Gesamtgehzeit: 4½ Std.**

✖ AUSRÜSTUNG

Teleskopstöcke; für den Anstieg zum Berggasthaus
sind Grödeln oder Spikes hilfreich.

⌂ EINKEHR & ÜBERNACHTUNG

Berggasthaus Almhütte (780 m) am Ausgangspunkt, ganzjährig bewirtschaftet, Tel. 08821/
71 417, www.berggasthof-almhuette.de
Gasthaus St. Martin (1028 m), nahezu
ganzjährig bewirtschaftet, Tel. 08821/49 70,
www.martinshuette-grasberg.de
Berggasthof Pflegersee (854 m), ganzjährig bewirtschaftet, Tel. 08821/27 71,
www.pflegersee.com
Werdenfelser Hütte (760 m), ganzjährig
bewirtschaftet, Tel. 08821/33 33

Winterliche Höhenwanderung über dem Alpenvorland

Auf dem Kammweg zwischen Großem
und Kleinem Hörnle

Auf diesem kleinen Voralpengipfel steht die im
Jahre 1911 erbaute Hörndlhütte. Sie gehört zu den
wenigen ganzjährig bewirtschafteten Alpenvereinshütten in den Bayerischen Voralpen. Grund
dafür ist natürlich die Hörnlebahn, die auch im
Winter für einen regen Betrieb sorgt. Selbst bei
mäßiger Schneelage ist der Sessellift in Betrieb,
sodass auch Winterwanderer auf ihre Kosten
kommen. Der Winterweg hinauf zur Hörndlhütte
ist vielleicht nicht geräumt, aber immer gut ausgetreten, sodass wir beim Aufsteigen wenig Problem
haben. Damit wir eine volle Rundsicht genießen
können, müssen wir natürlich bis aufs Hintere
Hörnle steigen. Dann aber haben wir trotz der
relativ niedrigen Gipfelhöhe einen phantasti-
schen Blick aufs Alpenvorland, der bis zum Starnberger See reicht, und auf die Ammergauer Alpen.
Damit wir den kurzen Wintertag optimal nutzen

und ein bisschen Vitamin D tanken können, wurden unterhalb der Alpenvereinshütte vor einigen
Jahren auf einem Geländevorsprung („Zeitberg")
mehrere Ruheinseln installiert.
Hinab geht es dann bequem mit dem Sessellift –
und wer danach ausgekühlt ist, kehrt in der Guggenbergalm ein, die mit viel Holz eine gemütliche
Atmosphäre ausstrahlt.

Von Bad Kohlgrub zur Hörndlhütte

Falls wir mit der Bahn angereist sind, folgen
wir zunächst dem ausgeschilderten Weg hinüber zur Talstation der Hörnlebahn. Dort folgen
wir entweder dem direkten Weg rechts der Seilbahn durch ein Waldstück – oder wir gehen auf
der Anfahrtsstraße ein Stück zurück und folgen
links dem Fahrweg zum Weiler Linden, wo wir
uns rechts halten. Beide Wege treffen sich bald
wieder. Wir kreuzen nun die Piste, durchqueren
noch mal ein Waldstück und im weiteren Verlauf
die Trasse der Seilbahn. Auf der anderen Seite geht
es dem meist geräumten Wirtschaftsweg entlang
höher (Markierung 18E). Wald und freies Gelände
wechseln sich ab. Unser Weg macht dann einen
scharfen Knick nach rechts und weiter geht es
bergan über mehrere Kehren zur Bergstation der
Hörnlebahn. Von dort sind nur wenige Meter hinauf zum Alpenvereinshaus.

Höhenweg zum Hinteren Hörnle

Von der Hörndlhütte halten wir uns links und
wandern leicht ansteigend auf dem breiten, gut
ausgetretenen Almweg in östlicher Richtung auf
die drei Hörnlegipfel zu. Das Vordere und Mitt-
lere Hörnle lassen wir links bzw. rechts liegen,
und erreichen schließlich die im Winterschlaf
liegende Hörnlealm. In gleicher Richtung geht es
weiter, bis rechts der Pfad auf das Hintere Hörnle
abzweigt. Der Normalweg führt jedoch weiter auf
dem Fahrweg um das Hintere Hörnle herum, wo
uns dann der Gipfelweg über die Nordostseite
zum schlichten Holzkreuz bringt.

✏ TOURISTINFO

Kur- und Tourist-Information im
Haus des Gastes, Hauptstraße 27,
82433 Bad Kohlgrub, Tel. 08845/74 220,
www.bad-kohlgrub.de

📍 ANFAHRT

Mit dem Auto: Auf der Garmischer Autobahn
(A95) bis Ausfahrt Murnau/Kochel, dann auf
der St 2062 über Murnau nach Bad Kohlgrub;
im Ort ist der Weg zur Hörnlebahn ausgeschildert; dort großer Parkplatz.
Mit der Bahn: Mit der Bahn über Weilheim
und Murnau bis zum Bahnhof Bad Kohlgrub. In
Bad Kohlgrub Busverbindung zur Talstation der
Hörnlebahn (oder zu Fuß in 20 Minuten).

✖ AUSGANGS- UND ENDPUNKT

Talstation der Hörnlebahn (932 m)

◎ ANFORDERUNG

Leichte Wanderung im Aufstieg auf geräumten Winterwanderwegen. Auf der Berghöhe
ausgetretener Höhenweg, zum Hinteren Hörnle
auf Pfadspuren. Der Abstieg zunächst ebenfalls auf Pfadspuren, dann auf geräumten
Wirtschaftswegen.

▲ HÖHENUNTERSCHIED

620 Hm im Auf- wie im Abstieg (bis zum
Hinteren Hörnle), falls wir auf den Sessellift
ganz verzichten.

🚡 BERGBAHN

Die Hörnleschwebebahn verbindet die Talstation
mit der Hörndlhütte (wenige Meter oberhalb).
Ganzjahresbetrieb mit Ausnahme von November
und April von 9–16 Uhr, im Dezember jedoch
nur an schönen Wochenenden, Tel. 08845/592,
www.hoernlebahn.de

⧗ GEHZEITEN

Vom Parkplatz an der Talstation zur Hörnlehütte
2 Std., Weiterweg zum Hinteren Hörnle 1 Std.,
Abstieg nach Bad Kohlgrub 1½ Std., **Gesamtgehzeit:** 4½ Std.

⚒ AUSRÜSTUNG

Teleskopstöcke, Grödeln oder Spikes sind hilfreich,
je nach Schneelage auch Gamaschen.

🏠 EINKEHR & ÜBERNACHTUNG

Hörndlhütte (1390 m), AV-Hütte der Kat. II,
nahezu ganzjährig bewirtschaftet, November geschlossen, 24 Lager in einem großen
Raum, Übernachtung nur nach Voranmeldung,
Tel. 08845/229, www.hoernle-huette.de
Guggenbergalm (900 m), Berggasthof am Fuß
des Hörnle, nahezu ganzjährig bewirtschaftet, Mittwoch Ruhetag, Tel. 08845/75 86 28,
www.guggenberg-alm.de

KARTENHINWEIS

**Topographische Karte 1:50 000 Blatt
„Werdenfelser Land – Ammergebirge" (LDBV)**

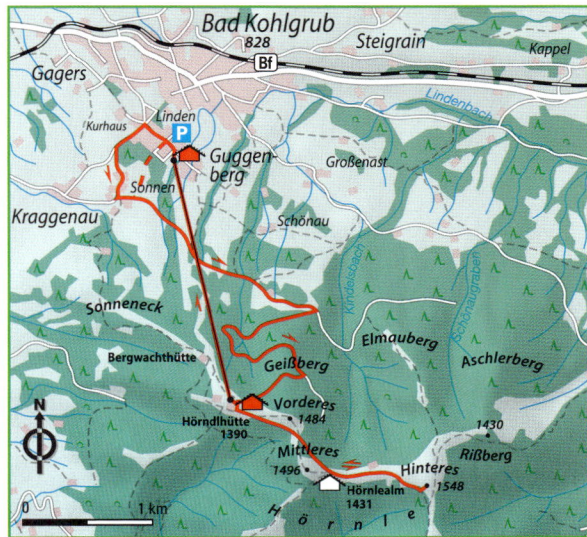

Von Unterammergau zu einem beliebten Unterkunftshaus

Die Pürschlinghäuser im Winterkleid

Auf dem Pürschling finden wir im Winter ein herrliches Ausflugsziel. Schon die bayerischen Könige wussten diesen Platz über dem Graswangtal zu schätzen: König Max II. hatte hier ein Jagdhaus und auch Ludwig II. stattete diesem einen Besuch ab. Heute steht hier ein Alpenvereinshaus, das zwar nach einem bekannten Bergausrüster benannt ist, doch gegen den alteingeführten Namen hat er keine Chance. Die Bergwanderer sprechen nämlich nur von den Pürschlinghäusern (die Nebengebäude zählen auch dazu). Der Name bezieht sich auf den Standort der Hütte, jener Kammerhebung auf dem langen Bergzug, der sich von Oberammergau bis Füssen erstreckt. Die Pluspunkte der Hütte sind schnell aufgezählt: sie steht aussichtsreich über dem Graswangtal, ist ganzjährig geöffnet und hat mit dem Teufelstättkopf einen reizvollen und nicht zu schweren Hüttengipfel. Die Küche ist auf einen großen Andrang eingestimmt. Es gibt nicht nur Brotzeiten, sondern auch warme Gerichte. Die große windgeschützte Terrasse ist daher meist voll. Wem es draußen zu frisch wird, wärmt sich am Kachelofen drinnen. Wer es noch nicht weiß: Die Naturrodelbahn vom Pürschling hinab ins Tal gehört zu den beliebtesten, aber auch rasantesten Strecken in den bayerischen Alpen.

Der Anstieg von Unterammergau

Vom Wanderparkplatz an der Schleifmühlenlaine bzw. an den Steckenliften folgen wir zunächst der geräumten bzw. gewalzten Forststraße in Richtung Süden, auf der linken Seite der Laine. Über freies Gelände, dann durch Wald geht es bergan, bis wir auf eine Weggabelung treffen. Der linke Weg (dieser ist steiler) wie auch der rechte führen uns nach oben, denn sie treffen sich nach einiger Zeit wieder. Schließlich stoßen wir auf eine Schranke. Ist sie geöffnet, können wir weitergehen, ist sie jedoch geschlossen, bedeutet das Lawinengefahr und wir müssen wieder umkehren. An der Josephskapelle vorbei geht es in die Nordflanke des Sonnenbergs. Unser Weg biegt nach rechts um, verlässt den Wald und führt in einem weiten Rechtsbogen steil hinauf zu den Gebäuden der Pürschlinghäuser. – Der Abstieg (oder die Abfahrt) erfolgt auf dem Anstiegsweg.

Der Hüttengipfel

Wer Ambitionen auf einen Gipfel hat, dem bietet sich der markante Felsgipfel des Teufelstättkopfs an. Wir wandern zunächst auf dem ausgeschilderten Weg, der am Fuß des steilen Schneehanges auf der Nordseite des Alpenvereinshauses beginnt. Den in der Regel ausgetretenen Spuren folgend steigen wir bergwärts, gehen seitlich an der Bergwachthütte vorbei und gelangen so auf den bald flacher werdenden Kammrücken. Dort führt ein schmaler Pfad, überwiegend auf seiner Südseite, nur mehr leicht ansteigend zum Fuße des Teufelstättkopfs (1758 m). Bei hoher Schneelage sind bis hierher Schneeschuhe von Vorteil. Rechts geht es über Blockwerk zum felsigen Gipfelaufbau. Auf seiner Ostseite führt nun ein seilgesicherter Steig durch eine Rinne hinauf zum Gipfelkreuz. Da dieser Teil oft vereist und schneebedeckt ist, müssen wir selbst entscheiden, ob die letzte Etappe zum Gipfel noch machbar ist. Ist die Route noch nicht gespurt, sollten wir als Ortsunkundige einen Anstieg unterlassen.

TOURISTINFO

Tourist-Information Oberammergau,
Eugen-Papst-Str. 9a, 82487 Oberammergau,
Tel. 08822/922 74 40,
www.ammergauer-alpen.de/oberammergau

ANFAHRT

Mit dem Auto: Auf der Garmischer Autobahn (A95) bis zur Ausfahrt Murnau/Kochel, dann über Bad Kohlgrub nach Unterammergau. Nach Überquerung der Ammer rechts ab zum Wanderparkplatz am Beginn des Wirtschaftsweges zum August-Schuster-Haus.
Mit Bahn & Bus: Mit der Bahn nach Unterammergau. Weiter zu Fuß über die Pürschlingstraße zum Parkplatz an der Schleifmühlenlaine.

AUSGANGS- UND ENDPUNKT

Wanderparkplatz am Eingang zur Schleifmühlenlaine (870 m)

ANFORDERUNG

Der Wirtschaftsweg zum August-Schuster-Haus ist im Winter geräumt. Der Gipfelabstecher zum Teufelstättkopf erfolgt auf Fußspuren und setzt Trittsicherheit und Schwindelfreiheit voraus. Drahtseilsicherung am Gipfelfelsen.

HÖHENUNTERSCHIED

700 Hm im Auf- wie im Abstieg

GEHZEITEN

Von Unterammergau zum August-Schuster-Haus 2¾ Std., Abstieg ins Tal 2 Std., **Gesamtgehzeit:** knapp 5 Std. Gipfelweg: Vom August-Schuster-Haus 1½ Std., Rückweg zur Hütte 1 Std., **Gesamtgehzeit:** 2½ Std.

AUSRÜSTUNG

Auf jeden Fall Teleskopstöcke; für das letzte steile Stück sind Grödeln oder Spikes hilfreich. Für den Gipfelabstecher Gamaschen oder evtl. sogar Schneeschuhe.

EINKEHR & ÜBERNACHTUNG

August-Schuster-Haus (1564 m), AV-Haus der Kat. II, 54 Betten, 12 Lagerplätze, ganzjährig bewirtschaftet, November und April geschlossen, Tel. 08822/35 67, www.dav-bergland.de/augustschusterhaus.html
Gaststätten in Unterammergau

KARTENHINWEIS

Topographische Karte 1:50 000 Blatt „Werdenfelser Land – Ammergebirge" (LDBV)

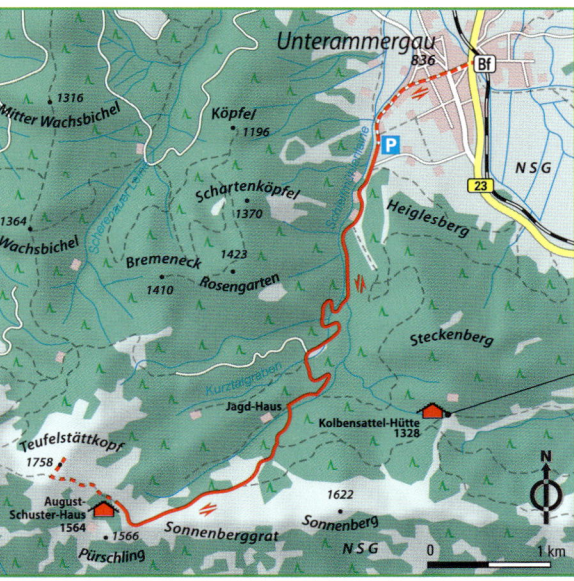

ALLGÄUER
ALPEN

Zu einer urigen Alpe in einem abgelegenen Hochtal

Die tief verschneite Willersalpe

Hinein in den verschneiten Wald

Auf der Willersalpe können wir im Winter ein stilles Hochtal genießen – ohne jeden Pistenrummel. Es sind nur Menschen unterwegs, die ebenso wie wir die Stille in den Bergen genießen wollen: Winterwanderer, Skitourengeher und der eine oder andere Schneeschuhwanderer. Auch wenn es im Winter keine Einkehr gibt, schätzen wir diesen Ausflug in die verschneite Allgäuer Bergwelt. Die Hänge oberhalb der Alpen sind nahezu makellos, nur vereinzelt von Wildspuren gebrochen, die Aussicht auf die gegenüberliegende Daumengruppe sowie den Breitenstein ist großartig. Wir können uns kaum losreißen, wenn es wieder Zeit zum Abstieg ist.

Drei Allgäuer Männer – um genauer zu sein, es sind sogar drei Brüder – bewirtschaften diese etwas abseits über dem Ostrachtal gelegene Hoch-

alpe im Sommer. Eingerahmt von Bschießer, Ponten, Zierleseck, Gaishorn und Rauhhorn finden wir sie in einem Hochtal auf über 1400 Metern. Doch die Willersalpe ist auch sonst eine ganz besondere Alpe, sie gehört zu den wenigen Sennhütten im Allgäu, die nicht über einen Fahrweg versorgt werden können. Alles, was auf der Alpe benötigt wird, wird mit Haflingern transportiert, und zwar auf demselben Steig, den auch wir gehen. Da die Haflinger den steilen Weg im Winter nicht schaffen, ist die Alpe in dieser Zeit nicht bewirtschaftet.

Von Hinterstein zur Willersalpe

Vom Wanderparkplatz „Auf der Höh" am oberen Ende von Hinterstein folgen wir kurz dem Fußweg in Richtung Giebelhaus, bis links der ausgeschilderte Wanderweg (Wegtafel: „Zur Willersalpe") abzweigt. Wir wandern zunächst eine Viertelstunde durch verschneite Bergwiesen bis zum sogenannten Bachholz, dort nehmen wir den von rechts heraufführenden Forstweg, der weiter durch Wald führt. Bei der folgenden Wegabzweigung orientieren wir uns rechts (Mark.-Nr. 423) und folgen den Stapfspuren. Bald hören wir das Rauschen des Willersbaches und wandern dann auf dem linker Hand ausgeschilderten Pfad kurz am Bach entlang. Weiter geht es auf dem Pfad, bis wir auf einem Steg den Willersbach passieren und dann in steilen Kehren durch Hochwald hinauf zu den weiten Flächen der Willersalpe wandern, die in einem welligen Hochtal liegt. Wir verlassen den Waldrand, queren die weiten, weißen Flächen und erreichen bald die Willersalpe, die am oberen Ende des Hochtals liegt.

 ## TOURISTINFO

Tourist Information Bad Hindelang, Oberer Buigenweg 13, 87541 Bad Hindelang, Tel. 08324/89 20, www.bad-hindelang.info

ANFAHRT

Mit dem Auto: Auf der Füssener Autobahn (A7) bis zur Ausfahrt Oy-Mittelberg und dann weiter auf der B310/B308 über den Oberjochpass hinab nach Hindelang; dort links ab nach Hinterstein; am oberen Ortsende, am Ende der öffentlichen Fahrstraße, befindet sich ein großer, gebührenpflichtiger Wanderparkplatz.
Mit Bahn & Bus: Mit der Bahn (Allgäu-Schwaben-Takt) bis Sonthofen, dann weiter mit dem RVA-Bus über Hindelang nach Hinterstein. Von dort weiter zu Fuß in einer guten halben Stunde zum Wanderparkplatz (vielleicht haben Sie ja Glück und können gegen Entgelt bei den Pferdewagen aufsitzen, die im Winter zum Giebelhaus fahren).

 ## AUSGANGS- UND ENDPUNKT

Wanderparkplatz „Auf der Höh" (880 m)

 ## ANFORDERUNG

Mittelschwerer Anstieg auf Fußspuren, teilweise über Forstweg. Einige steilere Passagen. Falls der Untergrund stark gefroren ist, sollten wir Grödeln und Teleskopstöcke mitbringen.

HÖHENUNTERSCHIED

Knapp 700 Hm im Auf- wie im Abstieg

GEHZEITEN

Von Hinterstein zur Willersalpe 2½ Std., Abstieg zum Wanderparkplatz 2 Std., **Gesamtgehzeit:** 4½ Std.

 ## AUSRÜSTUNG

Teleskopstöcke, Grödeln oder Spikes und Gamaschen

 ## EINKEHR & ÜBERNACHTUNG

Die Willersalpe (1459 m) ist seit ein paar Jahren im Winter nicht mehr bewirtschaftet. Bergsteiger-Hotel **Grüner Hut** in Hinterstein, Tel. 08324/438 98 76, www.bergsteiger-hotel.de

KARTENHINWEIS Topographische Karte 1:50 000 Blatt „Allgäuer Alpen" (LDBV)

VON IMMENSTADT ZUR ALPE GSCHWENDERBERG

Zwei Hüttenwirte verwöhnen ihre Gäste

Winterwald beim Abstieg

Hoch über dem Alpsee liegen einige gern besuchte Alpen. Eine davon ist die urige Alpe Gschwenderberg. Bereits seit über 300 Jahren befindet sie sich am Nordhang des Gschwenderbergs. Die Alm ist schnell erreichbar und daher auch für einen kurzen Ausflug geeignet. Für Freunde des Schneeschuhgehens ein idealer Startpunkt für einen Abstecher zum Gschwenderberg oder eine Runde über das ebenfalls ganzjährig bewirtschaftete Kemptner Naturfreundehaus. Auf der Alm werden wir almtypisch bewirtschaftet, aber es gibt auch Kaiserschmarrn und Kässpatzen und vielleicht sogar Apfelstrudel zum Abrunden einer kräftigen Brotzeit. Aufgrund der kurzen Anstiegswege und des schönen Ausblicks über den Alpsee ein kleines Muss, auch im Winter. Die Hütte kann übrigens auch für Geburtstage und Feiern angemietet werden.

Von Gschwend zur Alpe Gschwenderberg

Vom Wanderparkplatz beim Weiler Gschwend folgen wir der Straße noch ein Stück geradeaus, bis links der Anstiegsweg zur Gschwenderalpe abzweigt. Nun geht es relativ steil durch Wald und über freies Gelände hinauf zur aussichtreich gelegenen, ganz aus Holz erbauten Alpe.

Anstiegsvariante von Bühl

Von der Ortsmitte bei der Kirche wandern wir zunächst dem Sträßchen nach Rieder entlang; nach den letzten Häusern zweigt links ein ausgeschildertes Almsträßchen ab, das uns zunächst durch Wald, dann über freies Gelände über die Hochalpe zur Alpe Gschwenderberg leitet.

Eine Runde über das Kemptner Naturfreundehaus

Von der Alpe Gschwenderberg wenden wir uns bergwärts (Mark.-Nr. 50) in Richtung Starketsgrundalpe. Nach der Hornklause geht es steiler empor. Wir wandern nicht bis zur Alpe, sondern biegen am Gipfelfuß des Gschwender Horns nach links und steigen über verschneite Bergwiesen zum Almweg an, der seitlich des Berges vorbeiläuft. Dort wenden wir uns sofort links und steigen nun durch Wald zu einem Sattel. Indem wir uns erneut links halten, können wir in wenigen Minuten das Gschwender Horn erreichen, das über ein Gipfelkreuz und vor allem eine tolle Aussicht verfügt.

Wir kehren zum Anstiegsweg zurück, dann geht es rechts weiter auf einem Wirtschaftsweg zum Kemptener Naturfreundehaus. Von dort führt ein Bergsteig hinab zur Alpe Alp; wir wandern links weiter auf einem Almfahrweg zur Kesselalpe und weiter über die Rabennestalpe hinab, bis wir den Anstiegsweg von Rieder erreichen. Bald geht es links hinab nach Gschwend oder rechts nach Rieder und Bühl. Der Abstieg erfolgt jeweils auf den Anstiegswegen.

TOURISTINFO

Tourist-Info Alpseehaus, Seestraße 10,
87509 Immenstadt/Bühl, Tel. 08323/99 88 77,
www.alpsee-gruenten.de/urlaub-im-allgaeu/
immenstadt.html

ANFAHRT

Mit dem Auto: Auf der Lindauer Autobahn (A96)
bis Ausfahrt Buchloe, dann über die B12 nach
Kempten, oder auf der Füssener Autobahn (A7)
nach Kempten, weiter in Richtung Füssen zum
Dreieck Allgäu, auf der A980 bis Ausfahrt Walten-
hofen; über Immenstadt in Richtung Oberstaufen.
Nach dem Kleinen Alpsee nach Bühl; in der Ortsmitte links zum Weiler Rieder und weiter zum
Wanderparkplatz.
Mit Bahn & Bus: Mit dem Alex nach Immenstadt;
von dort mit dem RVA-Bus in Richtung Oberstaufen bis nach Bühl. Dort weiter zu Fuß.

AUSGANGSPUNKTE

Wanderparkplatz beim Weiler Gschwend (850 m)
bzw. Ortsmitte von Bühl (738 m)

KARTENHINWEIS Topographische Karte
1:50 000 Blatt „Allgäuer Alpen" (LDBV)

ANFORDERUNG

Für den Anstieg zur Alpe Gschwenderberg normale Winterausstattung, aber auch Teleskopstöcke;
bei Vereisung auch Grödeln. Für den Anstieg auf
das Gschwender Horn und zum Kemptner Naturfreundehaus benötigen wir je nach Schneelage
auch Schneeschuhe und Gamaschen.

HÖHENUNTERSCHIED

225 Hm im Auf- wie im Abstieg zur Alpe
Gschwenderberg; Aufstieg zum Gschwender
Horn bzw. zum Kemptner Naturfreundehaus
jeweils weitere 375 Hm

GEHZEITEN

Vom Weiler Gschwend auf dem Alpfahrweg ¾ Std.,
von Bühl am Alpsee 1¼ Std., Abstieg ½ Std.
bzw. 1 Std., **Gesamtgehzeit:** 1¼ Std. bzw.
2¼ Std. Der Aufstieg zum Gschwender Horn bzw.
der Übergang zum Kemptner Naturfreundhaus
jeweils 1½ Std. Rückkehr zur Alpe: 1 Std.

EINKEHR & ÜBERNACHTUNG

Alpe Gschwenderberg (1075 m), nach den
Weihnachtstagen bis Mitte März am Samstag
und Sonntag bewirtschaftet, Tel. 0170/536 19 67,
www.alpegschwenderberg.de
Kemptner Naturfreundehaus (1450 m),
Touristenverein Naturfreunde, ganzjährig bewirtschaftet, im November geschlossen, Montag Ruhetag, 97 Schlafplätze in
Zimmern und Lagern, Tel. 08323/21 23,
www.kemptener-naturfreundehaus.de

SEHENSWERTES

Im Zentrum von Immenstadt (An der Ach 14)
befindet sich das Museum Hofmühle. Es bietet einen Einblick in das Leben in und um
Immenstadt bis zum Beginn des Computer-
zeitalters. Öffnungszeiten: Mittwoch bis
Sonntag von 14–17 Uhr, Tel. 08323/36 63,
www.museum-hofmuehle.de

Allgäuer Hüttenromantik mit Rodeleinlage

Erfrischung auf der Gaisalpe in der Wintersonne

Unser Ziel auf dieser kurzen, aber abwechslungsreichen Route ist die Gaisalpe. Dieser auch für Wanderer bewirtschaftete Bergbauernhof liegt auf einem freien Wiesenhang über dem Illertal. Der schönste Anstieg dorthin führt über den sogenannten Tobelweg – dieser ist jedoch im Winter gesperrt. Stattdessen müssen wir mit dem Almsträßchen vorliebnehmen. Nach dem Anstieg erwartet uns ein gewaltiges Panorama der Allgäuer Alpen. Die Gaisalpe ist schon in der fünften Generation in derselben Familie. Die Küche ist regional ausgerichtet; viele Zutaten werden aus der ganzjährig betriebenen Landwirtschaft verwendet. Innen wie außen strahlt dieser Bergbauernhof – mit seinem vielen Holz – eine gemütliche Atmosphäre aus.

Von Reichenbach zur Gaisalpe

Vom Wanderparkplatz leitet uns ein Wirtschaftsweg rechts durch Wald zum Gaisalpbach. Kurz nach der Bachbrücke halten wir uns links und wandern auf dem Wirtschaftsweg zunächst über freie, verschneite Bergwiesen, dann durch ein Waldstück in weiten Kehren hinauf. Vorbei an der Gaisalpkapelle erreichen wir das obere Ende des Tobels. Wir queren die Bachbrücke und folgen links den Kehren des Zufahrtsweg hinauf zur Gaisalpe. Auf der Terrasse, aber auch drinnen, lässt es sich gut rasten. So lassen wir uns dann auch die Allgäuer Schmankerl schmecken. Da der Hof südwärts ausgerichtet ist, bekommen wir auch jede Menge Wintersonne ab. In Richtung Westen schweift der Blick über das Illertal, Richtung Osten erhebt sich beeindruckend das Rubihorn. Der Abstieg erfolgt zunächst auf dem Anstiegsweg. Dort, wo der Tobelweg nach rechts abzweigt, gehen wir links auf dem Wirtschaftsweg, passieren eine Kapelle und wandern talwärts. Bei folgenden Wegverzweigungen (Wegweiser) halten wir uns jeweils rechts. Wir durchschreiten ein Waldstück und stoßen dann auf eine Lichtung. Der Weg führt in einem Rechtsbogen hinab, wobei wir den freien Blick ins Illertal genießen, bis wir auf eine Wegverzweigung stoßen. Dort geht es rechts über den Bach und hinab zum Ausgangspunkt in Reichenbach.

Die Variante von Oberstdorf (Wallraffweg)

Von der Oybele-Arena wandern wir hinauf zur Erdinger Arena, gehen links vorbei und queren links den Faltenbachtobel. Bei einer Linkskurve biegen wir links in die Waldhänge des Breitenbergs ein. Vorbei am Café Breitenberg queren wir die Westhänge des Rubihorns und erreichen auf einer Bergwiese den Scheitelpunkt der Wanderung (1200 m). Dann geht es leicht fallend abwärts, bis wir auf den Anstiegsweg von Reichenbach stoßen. Dort geht es weiter wie oben.

Für den Rückweg nach Oberstdorf nehmen wir oberhalb von Reichenbach den ausgeschilderten Wiesenweg vorbei an Rubi.

 ## TOURISTINFO

Tourismus-Information Oberstdorf, Prinzregentenplatz 1, 87561 Oberstdorf, Tel. 08322/70 00, www.oberstdorf.de/tourist-info/

 ## ANFAHRT

Mit dem Auto: Auf der Lindauer (A96) und Füssener Autobahn (A7) nach Kempten, bei der Abfahrt Oberallgäu/Oberstdorf weiter auf der B19 über Sonthofen nach Reichenbach. In der Ortsmitte links hoch zum großen Wanderparkplatz oder im Ort parken. Für die Alternative weiter nach Oberstdorf; parken am Ortsrand oder an der Talstation der Nebelhornbahn bzw. bei der Oybele-Festhalle. **Mit Bahn & Bus:** Mit dem Alex über Buchloe, Kempten und Immenstadt nach Fischen oder Oberstdorf; von dort jeweils mit einem RVA-Bus nach Reichenbach bzw. mit dem Ortsbus von Oberstdorf zur Oybele-Festhalle bzw. zur Talstation der Nebelhornbahn.

 ## AUSGANGSPUNKT

Entweder die Bushaltestelle in Reichenbach oder der Wanderparkplatz (890 m) am oberen Ortsende. Für den Wallraffweg entweder bei der Nebelhornbahn oder beim Parkplatz Oybele-Festhalle (813 m)

ANFORDERUNG

Geräumter Wirtschaftsweg zur Gaisalpe. Der Wallraffweg von Oberstdorf wird ebenfalls geräumt, ist aber zuweilen durch Lawinen gefährdet und daher gesperrt.

 ## HÖHENUNTERSCHIED

300 Hm (ab Reichenbach) bzw. 400 m (ab Oberstdorf) im Auf- wie im Abstieg

 ## GEHZEITEN

Von Reichenbach bis zur Gaisalpe 1 Std., Abstieg nach Reichenbach ¾ Std., **Gesamtgehzeit:** 1 ¾ Std. – Für den Wallraffweg ab Oberstdorf benötigen wir insgesamt 4 Std., falls wir nicht mit dem Bus von Reichenbach zurückfahren.

 ## AUSRÜSTUNG

Normale Winterausrüstung mit Teleskopstöcken, evtl. auch Grödeln

EINKEHR & ÜBERNACHTUNG

Gaisalpe (1165 m), privat, ab 7. Januar bis Ostern Montag und Dienstag Ruhetag, Tel. 08326/79 17, www.berggasthof-gaisalpe.de **Café Breitenberg** am Wallraffweg, oberhalb von Oberstdorf, Donnerstag Ruhetag, Tel. 08322/44 90

KARTENHINWEIS Topographische Karte 1:50 000 Blatt „Allgäuer Alpen" (LDBV)

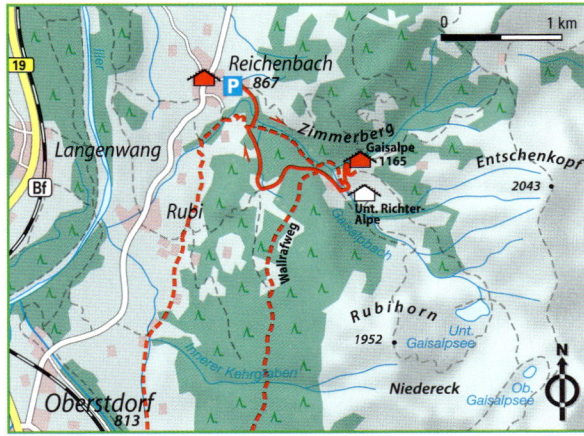

Ein winterliches Naturwunder im Kleinwalsertal

Frischer Schnee in den Breitschwanger Bergen

Die Breitachklamm ist ein Naturspektakel ersten Ranges! Vor Jahrmillionen hat sich die Breitach bei Oberstdorf tief in den Kalkfels eingegraben. Mit ihren senkrechten, muschelförmig ausgewaschenen Felswänden, den Strudellöchern und den riesigen Abbruchstellen gehört die insgesamt 2,5 Kilometer lange Klamm (die an ihrer engsten Stelle weniger als 3 Meter breit ist), zu den besonderen Attraktionen der Allgäuer, ja der gesamten Bayerischen Alpen. Zuweilen wird sie auch der „Grand Canyon Bayerns" genannt. An manchen Stellen ist nur mehr durch einen Spalt der Himmel zu sehen, da ihn bisweilen Überhänge verdecken. Bereits im Jahre 1904 wurde auf Anregung des damaligen Pfarrers von Tiefenbach – der den abergläubischen Einheimischen beweisen wollte, dass in der Zwing genannten Klamm keine bösen

Geister wohnten – ein aufwändiger Steig mit Stegen, Brücken und Geländern angelegt, um sie Besuchern zugänglich zu machen, wobei die Pioniere nicht vor Sprengungen zurückschreckten, um die Klamm begehbar zu machen. Bis heute haben etwa 20 Millionen Besucher die Breitachklamm durchwandert. Pro Jahr sind es etwa 300 000. Neben einer Durchwanderung im Winter werden auch Nachtwanderungen mit Fackeln angeboten, eine besonders eindrucksvolle Möglichkeit, Naturgenuss mit Nervenkitzel zu verbinden. Ist die Breitachklamm schon im Sommer ein großer Hit unter Wanderfreunden, so übertrifft sie im Winter, wenn die senkrechten Felsen von Eis überzogen sind und die Eiskristalle bei winterlichem Sonnenschein in eine Glitzerwelt verwandelt werden, alle Erwartungen. Da das Wasser aber unentwegt am Felsen arbeitet, müssen zuweilen Felsenputzer die Klamm von lockerem Gestein säubern oder die Steiganlage reparieren. Dann ist sie für einige Tage geschlossen.

Am Ende der Klamm folgen wir weiter dem Lauf der Breitach bis nach Riezlern, von wo wir den Bus nach Oberstdorf nehmen können. Falls wie jedoch zum Ausgangspunkt zurückkehren müssen, drehen wir am Ende der Schlucht um und wandern auf dem gleichen Weg zurück.

Die Klammwanderung

Vom Kassenhäuschen und der neuen Informationsstelle kurz hinter dem Gasthaus Breitachklamm wandern wir auf schmalem Teerweg hinunter zur Breitach. Dort biegt der Weg nach rechts und führt am schnell dahinfließenden Gewässer zum bewaldeten Klammeingang. Nach einem Felstunnel weitet sich die Schlucht sofort wieder und ist noch relativ breit und grün, verengt sich dann aber bald zu einem schmalen Schlund mit hoch aufragenden Felsfluchten. Der gut gesicherte Steig führt uns nun hoch über dem gurgelnden Wasser, über Gumpen, Wasserfällen und Strudel bis zur sogenannten Enge, wo sich die Felsen fast berühren. Nach dem aufregenden Teil kommt noch ein leichter Abschnitt bis zum oberen Kassenhäuschen. Auf dem weiteren Weg wechseln wir – mittels einer Brücke – die Bachseite. Die Landschaft entlang des Baches wird nun etwas rauer, Schwemmholz und große Felsbrocken geben dem rauschenden Fluss eine wilde Note. Schließlich erreichen wir die Bergwiesen des Kleinwalsertals. Im Waldhäusle ruhen wir uns bei einer guten Brotzeit von den Aufregungen der Klammdurchwanderung aus, bevor wir den letzten Abschnitt des Weges unter die Füße nehmen. Wir unterqueren die Straße nach Schwende und folgen schon nach wenigen Metern rechts dem Schwarzwasserbach. Wenige Minuten weiter führt links der Weg nach Riezlern ab, von wo aus wir nach Oberstdorf zurückkehren können.

KARTENHINWEIS Topographische Karte 1:50 000 Blatt „Allgäuer Alpen" (LDBV)

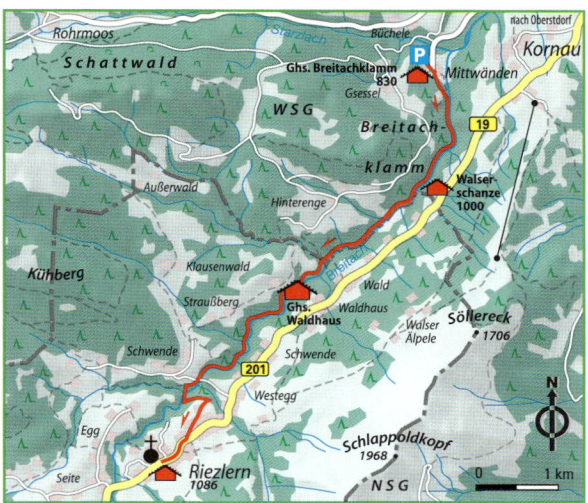

Letzte Sonnenstrahlen in der Breitachklamm

Vom Eis verzauberte Felsen und Wanderer

Variante

Am Ende der Klamm können wir zum Gasthaus Walserschanz hinaufsteigen, einkehren und dann mit dem Bus zurückfahren.

 ### TOURISTINFO

Tourismus-Information Oberstdorf, Prinzregentenplatz 1, 87561 Oberstdorf, Tel. 08322/70 00, www.oberstdorf.de/tourist-info/

HINWEIS ZUR KLAMM

Die Breitachklamm ist im Winter außer der Zeit der Schneeschmelze täglich ab 9 Uhr geöffnet, Einlassschluss im Winter ist 16 Uhr. Eintritt: € 5,00, Info-Telefon: 08322/48 87. Der Zugang zur Klamm ist von beiden Seiten möglich (zwei Kassen). Normalerweise ist die Klamm aufgrund der Schneeschmelze ab ca. Mitte März gesperrt. www.breitachklamm.com

ANFAHRT

Mit dem Auto: Auf der Füssener Autobahn (A7) nach Kempten und bei der Abfahrt Oberallgäu/Oberstdorf weiter auf der B19 über Sonthofen und Fischen nach Oberstdorf; kurz davor, bevor wir die Iller überqueren, dann rechts ab nach Tiefenbach und danach der Ausschilderung zur Breitachklamm folgen. Großer, gebührenpflichtiger Parkplatz mit Gasthaus und Informationsstelle (835 m).

Mit Bahn & Bus: Mit der Bahn (Alex) über Buchloe, Kempten und Immenstadt nach Fischen oder Oberstdorf; von dort mit RVA-Bussen über Tiefenbach zum Ausgangspunkt Breitachklamm. Falls wir die Strecke nicht zurücklaufen wollen, bieten sich Busverbindungen zurück nach Oberstdorf an: Vom Gasthaus Walserschanz (Ausstiegsmöglichkeit von der Klamm) und von Riezlern.

DER BESONDERE TIPP

In Riezlern gibt es das Walsermuseum (Walserstraße 54), das uns eine gute Einführung in die Kultur der Walser gibt, deren Siedlungsspuren sich bis in die norditalienischen Täler verfolgen lassen. Nach einer umfassenden Neukonzeption soll das Museum im Laufe des Jahres 2020 wiedereröffnet werden. Tel. 0043/55 17/531 52 86

✖ AUSGANGSPUNKT

Gebührenpflichtiger Großparkplatz in Mittwänden bei Tiefenbach; das ist der nordöstliche, also übliche Klammeingang.

✖ ENDPUNKT

Riezlern (1386 m) im Kleinwalsertal

◎ ANFORDERUNG

Zu Beginn breite, geräumte Wanderwege; in der Klamm gut gesicherte Steiganlage mit Stegen, Treppen und Geländern. Gutes Schuhwerk mit griffiger Sohle und warme Kleidung mit Mütze sowie Handschuhe erforderlich. Da im Winter die Sonne nur selten durch die Spalten lugt, kann es empfindlich kalt sein. Da der Schluchtsteig offizieller Winterwanderweg ist, wird er immer geräumt.

▲ HÖHENUNTERSCHIED

260 Hm im Anstieg nach Riezlern

⧗ GEHZEITEN

Vom Ausgangspunkt bei Mittwänden bis zum Ende der Klamm ¾ Std., Aufstieg zum Gasthaus Walserschanz 15 Minuten, Weiterweg vom Klammende nach Riezlern 2 Std., **Gesamtgehzeit:** ca. 3 Std. für den einfachen Weg

⚒ AUSRÜSTUNG

Teleskopstöcke und Spikes können hilfreich sein.

⌂ EINKEHR & ÜBERNACHTUNG

Gasthaus Breitachklamm (830 m), mit Kiosk nebenan, ganzjährig bewirtschaftet, Tel. 08322/46 43, www.gasthaus-breitachklamm.de
Gasthaus Walserschanz (1000 m), ganzjährig bewirtschaftet, Tel. +43/55 17/53 59
Waldhaus (1040 m), nahezu ganzjährig bewirtschaftet, Donnerstag Ruhetag (Zugang von Riezlern 1 Std., vom Ende der Breitachklamm 40 Minuten), Tel. +43/55 17/68 23, www.waldhaus-riezlern.at

Am Ende der Klamm

Der Weg des Wassers

Zu einer alten Bergbauernsiedlung mit Einkehr

Das alte Walserdorf Gerstruben

Der Weiler Gerstruben im Dietersbachtal mit seinen vier Jahrhunderte alten Bauernhäusern und seiner Kapelle steht seit langen Jahren schon unter Denkmalschutz. Die bereits 1360 urkundlich erwähnte Alpsiedlung stand zu Ende des 19. Jahrhunderts kurz vor dem Aus. Ein geplanter Stausee für die Stromversorgung zwang 1893 die Bewohner das Hochtal verlassen; das Vorhaben wurde dann nicht umgesetzt. Die Bauern kehrten jedoch nur noch zur Heuarbeit oder zur Gerstenernte zurück. In einem dieser ehemaligen Bauernhöfe ist das Berggasthaus Gerstruben untergebracht – eine Wirtschaft mit langer Tradition. Heute wird dort eine biologische Lammzucht betrieben. Eingefasst von Bergen, einschließlich der Höfats, stellt dieses ehemalige Bauerndorf besonders in malerischer Winterlandschaft eine landschaftliche Sehenswürdigkeit ersten Ranges dar.

Von Oberstdorf zum Berggasthof Gerstruben

Von der Mühlenbrücke bzw. dem Parkplatz an der Nebelhornbahn folgen wir den Ausschilderungen nach Spielmannsau und Gerstruben. An der Trettach entlang wandern wir ins gleichnamige Tal, passieren eine Brücke und gehen an der anderen Flussseite weiter zum Café Jägerstand. Anschließend queren wir den Oybach. Vor uns sehen wir die gewaltige Trettachspitze und den Kratzer. Vorbei am Weiler Gruben (Einkehr) erreichen wir bald Dietersberg. Kurz nach der Zwingbrücke folgen wir nun links dem Fahrweg durch Wald in Kehren hinauf zum historischen Weiler Gerstruben.

Der Rückweg

Wir kehren nun auf dem Anstiegsweg zurück bis zur Zwingbrücke. Dort halten wir uns links (Wegweiser „Oberstdorf", „Renksteg") und bei den beiden folgen Abzweigungen rechts. Leicht ansteigend passieren wir den verschneiten Golfplatz und wenden uns bei der nächsten Wegverzweigung rechts. Vorbei am Moorweiher (Einkehr!) wandern wir auf Oberstdorf zu, steigen bei der folgenden Verzweigung rechts wieder hinab zur Trettach und folgen links unserem Herweg zurück zum Ausgangspunkt.

Variante vom Renksteg

Vom Wanderparkplatz folgen wir dem Sträßchen hinüber nach Dietersberg, wo wir auf den Hauptweg treffen; dort zweigt auch die Alternativroute nach Oberstdorf ab.

 TOURISTINFO

Tourismus-Information Oberstdorf, Prinzregentenplatz 1, 87561 Oberstdorf, Tel. 08322/70 00, www.oberstdorf.de/tourist-info/

ANFAHRT

Mit dem Auto: Auf der Lindauer (A96) und Füssener Autobahn (A7) nach Kempten und bei der Abfahrt Oberallgäu/Oberstdorf weiter auf der B19 über Sonthofen nach Fischen; parken am Ortsrand (Oberstdorf ist autofrei) oder der Ausschilderung Nebelhornbahn folgen; dort bzw. bei der Oybele-Festhalle parken. Oder von Oberstdorf 3 km weiter in Richtung Fellhornbahn bis zum Parkplatz am Renksteg.

Mit Bahn & Bus: Mit dem Alex über Buchloe, Kempten und Immenstadt nach Oberstdorf; von dort mit dem Ortsbus zur Haltestelle Mühlenbrücke.

AUSGANGSPUNKTE

Parkplätze an der Nebelhornbahn bzw. Oybele-Festhalle (813 m), für die Variante Wanderparkplatz bei der Renkbrücke

ANFORDERUNG

Mittelschwere Winterwanderung auf geräumten Wirtschaftswegen und Wanderwegen. Im Talbereich einfach, der Anstieg nach Gerstruben ist jedoch steil. Bei Lawinengefahr ist die Strecke hinauf nach Gerstruben gesperrt (Warntafeln am Winterwanderweg).

HÖHENUNTERSCHIED

350 Hm im Auf- wie im Abstieg

GEHZEITEN

Von Oberstdorf über Gruben zum Gasthof Gerstruben 2¼ Std., Abstieg und Rückkehr über den Moorweiher nach Oberstdorf 1½ Std., **Gesamtgehzeit: 4 Std.** – Variante von Renksteg ½ Stunde Zeitersparnis

AUSRÜSTUNG

Normale Winterausrüstung.
Wichtig: Trekkingschuhe mit gutem Profil, dazu Teleskopstöcke

EINKEHR & ÜBERNACHTUNG

Berggasthof Gerstruben (1146 m), bewirtschaftet auch im Winterhalbjahr, Mittwoch Ruhetag, Tel. 08322/95 92 90, www.berggasthof-Gerstruben.de
Café Jägerstand, **Café Gruben**, **Moorbadcafé**

SEHENSWERTES

Das 1926 gegründete Heimatmuseum (Oststraße 13) ist im Köchelerhaus untergebracht, einem Bauernhaus von 1620. In etwa 40 Räumen werden über 5000 Objekte gezeigt, die von der Alpwirtschaft bis zum Skilaufen reichen. Ein Besonderheit ist die Schuhsammlung des Hofschuhmachermeisters Josef Schratt. Öffnungszeiten: Ganzjährig jeweils Dienstag bis Samstag von 11–17 Uhr, Tel. 08322/54 70, www.heimatmuseum-oberstdorf.de

KARTENHINWEIS Topographische Karte 1:50 000 Blatt „Allgäuer Alpen" (LDBV)

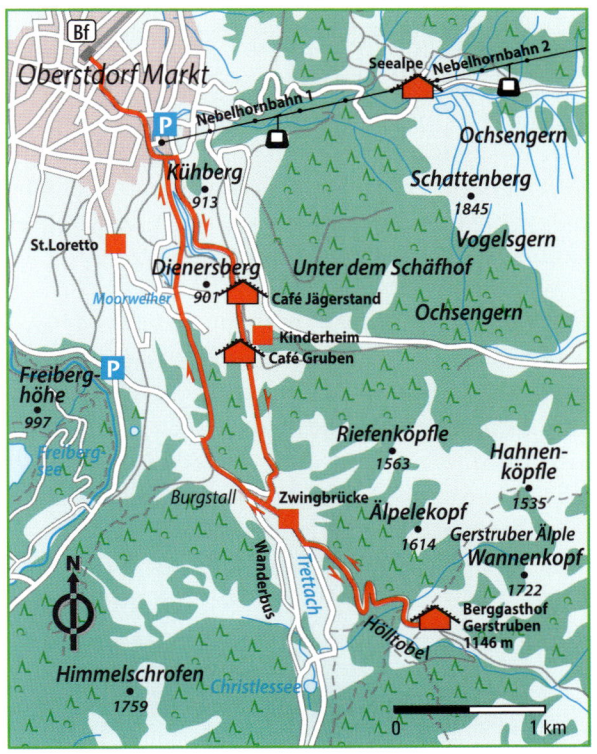

Im Winter gibt es viele Möglichkeiten, in der Natur unterwegs zu sein. Die beliebteste ist wohl das Winterwandern, denn diese „Sportart" ist an kein Alter gebunden, auch braucht es nicht viele Voraussetzungen oder eine besondere Ausrüstung. Wer jung und fit ist und eventuell Kinder hat, wird die Winterwanderungen gerne mit einer rasanten Rodelfahrt kombinieren. Doch es gibt im Winter noch zahlreiche weitere Betätigungsfelder: eine kleine Höhenwanderung, die wir mit Bergbahnunterstützung unternehmen, Eislaufen auf einem Natursee oder auf der Kunsteisbahn, Eisstockschießen, der Besuch einer Wildfütterung oder eine gemütliche Schlittenfahrt durch eine verschneite Winterlandschaft. Oder wie wär's mit einer Fackelwanderung durch die Breitachklamm?

Kurzwanderungen

Neben den bereits im Hauptteil dieses Buches vorgestellten Winterwanderungen, hier noch ein paar kürzere oder längere Möglichkeiten.

Der Fiedensbergweg nach Ettenberg

Dieser Winterwanderweg führt von Marktschellenberg hinauf nach Ettenberg, wo uns eine Wallfahrtskirche und ein Gasthaus erwarten (Gesamtgehzeit 3 Std.; Höhendifferenz 500 Hm). Der Weg wird nur in den Weihnachts- und Faschingsferien geräumt.

Entlang der Urschlauer Ache

Bei Ruhpolding gibt es einen schönen und leichten Winterwanderweg, für den wir nur etwa 1¼ Std. benötigen und der einige schöne Einkehrmöglichkeiten aufweist, zum Beispiel den Zeller Hof. Ausgangspunkt ist die Egglbrücke.

Schlechinger Winterwanderweg

Schleching ist mittlerweile ein anerkanntes Bergsteigerdorf des Deutschen Alpenvereins. Die gut acht Kilometer lange Runde (Gehzeit etwas mehr als 2 Std.) führt rund um die Dörfer Schleching und Ettenhausen durch verschneite Wiesen. Startpunkt ist an der Bundesstraße.

Hindenburghütte – Hemmersuppenalm

Am Fuße des Fellhorns wurde Anfang diesen Jahrtausends Deutschlands erster Premium-Winterwanderweg eingerichtet: eine gewalzte Strecke mit blauen Wegtafeln, leicht zu begehen und mit großartigen Ausblicken. Sie beginnt bei der Hindenburghütte und führt in einer abwechslungsreichen Runde über die Hemmersuppenalm. Die Auffahrt zum Berggasthaus erfolgt mit einem Pendelbus von Blindau (bei Reit im Winkl; siehe Tour 10). Gesamtgehzeit: 1½ bis 2 Std.

Gasthaus Moosbauer zum Spitzsteinhaus

Wer hoch hinaus will und nicht lange wandern will, fährt aus dem Inntal über Erl hinauf zum Parkplatz beim Gasthaus Moosbauer. Von dort ist es noch eine Stunde Gehzeit zum Spitzsteinhaus (siehe Tour 13).

Von Hausham zum Almbad Huberspitz

Der kurze Wanderweg von Hausham (Anfahrt mit der BOB möglich) bei Schliersee hinauf zum Almbad Huberspitz ist auch im Winter gut machbar (Anstieg 1 Std.).

Von Kreuth zur Schwaigeralm

Eine schöne Talwanderung auf breiten Wegen entlang der Weißach vom neu gekürten Bergsteigerdorf zur Schwaigeralm. Vor allem nach Neuschnee ein besonderes Erlebnis, da wir überwiegend durch Wald wandern (Gesamtgehzeit 1½ Std.).

Von Lenggries auf die Denkalm

Kurzer Ausflug auf geräumter oder gewalzter Strecke zu der bewirtschafteten Alm über dem Isartal. Auch gut mit der BOB machbar (Anstieg

1 Std.); das letzte Stück etwas steil, daher unbedingt Teleskopstöcke mitnehmen. Vorsicht: Der Anstiegsweg wird auch als Rodelbahn genutzt.

Eine Runde um den Eibsee

Auch im Winter ist der Eibsee einen Ausflug wert. Die Gemeindeverwaltung räumt den Weg für Winterwanderer frei. Trotzdem müssen wir auf die Ausrüstung achten, vor allem Wanderstiefel mit einer griffigen Sohle sind empfehlenswert (Gesamtgehzeit 2 Std.).

Von Füssen zum Alatsee und zur Salober Alm

Diese Tour kann man direkt am Bahnhof in Füssen beginnen. Wer mit dem Auto kommt, parkt bei den Parkplätzen P2 oder P3. Leichte Familientour auf geräumten Forst- und Wanderwegen. Einkehr im Restaurant Alatsee und in der Salober Alm (Gehzeit einfache Strecke 2 Std.).

Von der Gunzesrieder Säge zur Buhl's Alpe

Das Ostertal, ein Seitental des Gunzesrieder Tals, ist für seine Schneesicherheit bekannt. Dorthin führt ein geräumte Zufahrtsstraße zum ganzjährig bewirtschafteten Berggasthaus (Gesamtgehzeit 1 Std.).

Ins Bärgunttal

Von Baad im Kleinwalsertal führt ein gewalzter Winterwanderweg (bei Lawinengefahr gesperrt) zur Bärguntalpe. In der hochalpin gelegen Hütte genießen wir Allgäuer Spezialitäten (Gesamtgehzeit 2 Std.).

Bergbahnen & Höhenwanderungen

Auch wer keine größere Winterwanderung unternehmen und nicht rodeln will, findet hier ein paar brauchbare Tipps, um eine bequeme Auffahrt, großartige Ausblicke und eine gemütliche Einkehr kombinieren zu können. Die meisten Berg-

Blick vom Bergsteigerdorf Kreuth auf den Leonhardstein

bahnen und Sessellifte sind im Winter in Betrieb, da sie für den Wintersport gebaut wurden.

Predigtstuhl

Reizvoller Ausflug mit der Welt ältester Großgondelbahn bei Bad Reichenhall. Schöner, breiter Höhenweg hinüber zur bewirtschafteten Almhütte Schlegelmulde.

Auf die Kampenwand

Kleingondelbahn bei Aschau im Chiemgau, die im Winter überwiegend von Skifahrern genutzt wird. Oben kann man aber auch eine aussichtsreiche Höhenwanderung hinüber zur bewirtschafteten Steinlingalm unternehmen. Da es auf und ab geht, sollten wir Teleskopstöcke mitnehmen.

Auf den Wallberg

Die Wallbergbahn bringt uns auch im Winter hinauf zum Bergrestaurant. Dort können wir kurze Wanderungen im Bereich des Gipfels unternehmen (dieser ist im Winter in der Regel zu anspruchsvoll). Das Wallbergkircherl und das Alte Wallberghaus unterhalb laden zudem zu einem Besuch ein.

Auf den Wank

Die Wankbahn ist im Winter nur in den Weihnachtsferien in Betrieb. Das Alpenpanorama ist grandios, da es sich um einen Inselberg handelt. Auf dem Gipfel gibt es keinen Pistenbetrieb und man kann kurze Wanderungen zu den Untergipfeln unternehmen. Eine Sonnenterrasse ist ebenfalls vorhanden und die Küche lockt mit warmen und kalten Schmankerln.

Rodelspaß auf ausgefräster und damit sicherer Strecke

Zur Hochalm

Im Bereich der Gipfelstation der Kreuzbergbahn in Garmisch-Partenkirchen gibt es ein paar beliebte und geräumte Winterwanderwege. Einer führt hinüber zur bewirtschafteten Hochalm. Aussichtsreich und ein großes Erlebnis am Fuß der Alpspitze.

Auf das Gottesackerplateau

Im Kleinwalsertal können wir auf gewalzten Winterwegen die Landschaft um den Hohen Ifen genießen. Hinauf bringt uns die Ifenbahn, an die sich ein Sessellift anschließt. Von der Bergstation können wir den leichten Gottesacker-Rundweg abwandern (2½ Std., der aber auf 45 Minuten abgekürzt werden kann). Einkehr in der Ifenhütte und im Berggasthaus Bergadler.

Tipps zum Rodeln

Im bayerischen Alpenvorland sowie in den bayerischen Alpen gibt es zahlreiche Möglichkeiten, diesem Winterspaß zu frönen und sein Können auszuprobieren. Immer mehr Naturrodelstrecken werden – soweit Schnee vorhanden – von den Gemeinden gepflegt und präpariert, teilweise sogar mit Flutlicht versehen (z. B. bei Kreuth, in Oberaudorf und in Lermoos). Bei den in diesem Band beschriebenen Winterwanderungen wurden bereits einige Rodelstrecken vorgestellt.

Hier noch einige beliebte Strecken in den bayerischen Alpen. Je nach Länge und Beschaffenheit ist es sinnvoll, weitere Informationen einzuholen, da nur wenige Rodelstrecken den ganzen Winter über befahrbar sind. Außerdem sind sowohl die Ansprüche als auch die Anforderungen jeweils sehr unterschiedlich.

Kührointalm – Wimbachbrücke

Recht lange, nicht sehr anspruchsvolle Strecke; da es sich um eine offizielle Rodelbahn handelt, ist sie meist geräumt. Vorsicht: Zuweilen sind Fahrzeuge des Bundesgrenzschutzes unterwegs.

Hirschkaser – Schwarzeck

Etwas anspruchsvolle Strecke auf Forstwegen durch Wald und verschneite Bergwiesen. Rodelverleih evtl. an der Bergstation des Sessellifts.

Hindenburghütte – Blindau

Auffahrt mit dem Pendelbus möglich; ansonsten Aufstieg auf separatem Winterwanderweg. Abfahrt erst nach Mittag möglich. Einige unübersichtliche Stellen, daher Vorsicht nötig.

Staffn-Alm – Niedernfels

Anspruchsvolle Strecke und eine der längsten Naturrodelbahn Bayerns. Keine offizielle Rodelbahn. Vorteil: Auffahrt mit Sessellift möglich.

Doagl Alm – Parkplatz Spatenau

Familienfreundliche, kurze Strecke bei Grainbach. Einkehr am Wochenende in der gemütlichen Doagl Alm.

Schlipfgrubalm – Parkplatz Sagbruck

Familienfreundliche kurze Strecke bei Brannenburg. Aufstieg und Abfahrt auf der gleichen Strecke durch Wald. Offizielle Rodelbahn mit Einkehr in der bewirtschafteten Schlipfgrubalm.

Hocheck – Oberaudorf

Offizielle, gewartete und abgesicherte Naturrodelbahn. Gute Möglichkeit für Familien mit größeren Kindern. Rodelverleih an der Talstation der Sesselbahn zum Hocheck.

Wallberg – Rottach-Egern

Deutschlands längste Naturrodelbahn (6,5 km) mit einem maximalen Gefälle von 30 %. Offizielle Bahn, aber nur für geübte Rodler. Auffahrt mit der Wallbergbahn.

Hirschberg – Scharling

Die relativ ungefährliche und stetig fallende Strecke ab der Talstation der Materialseilbahn wird gerne als Rodelbahn genutzt. Abfahrt jedoch erst ab Mittag, um die aufsteigenden Wanderer nicht zu gefährden. Kein Rodelverleih am Hirschberghaus.

Kranzberg – Mittenwald

Ideal für Familien mit etwas Rodelerfahrung. Auffahrt mit der Bergbahn. Wenn man zu Fuß hinaufwandert, hat man den Vorteil, dass die Abfahrtsstrecke separat verläuft.

Pürschling – Unterammergau

Beliebte und auch lange Rodelstrecke. Die Abfahrt ist eine der längsten Rodelstrecken in den Bayerischen Alpen. Abfahrt am besten am Nachmittag, wenn die Bergwanderer bereits die Alpenvereinshütte erreicht haben.

Eisstockschießen

In Bayern hat das Eisstockschießen seit jeher einen hohen Stellenwert. In nahezu jedem Ort rund um München und im bayerischen Oberland können wir diesem Zeitvertreib nachgehen, sei es am Tegernsee, am Schliersee oder am Spitzingsee. Aber nicht nur die Naturseen eignen sich dafür, oft werden liebevoll kleine Natureisbahnen auf Zeit angelegt (so z. B. am Freudenberg in Schliersee). Sicherer sind die Eissportzentren, die Teile der Anlage für die Freunde des Eisstockschießens frei halten. So haben wir z. B. in Ruhpolding nahezu täglich im Eissportzentrum freie Bahn. Stellvertretend für all diese Möglichkeiten sei nur die Region Garmisch-Partenkirchen näher vorgestellt:

Im Olympia-Eissport-Zentrum können wir auf einer schönen Kunstbahn unseren Eisstock schwingen. Rund um Garmisch gibt es aber auch Plätze mitten in der Natur, die uns ein rundum winterliches Erlebnis vermitteln. So gibt es präparierte Bahnen am Rießersee und Pflegersee sowie am Kainzenbad und am Hausberg.

Wildfütterungen

Im Hochwinter benötigt das Wild Unterstützung bei der Nahrungssuche. Normalerweise ist das Wild (hier meistens das Rotwild) nahezu unsichtbar. Doch bei großen Schneemengen haben wir Gelegenheit, diese scheuen Tiere aus der Nähe zu betrachten. Verbunden mit einer Kutschfahrt ein ideales Wintererlebnis.

Ramsau

Im Klausbachtal, westlich vom Hintersee bei Ramsau im Berchtesgadener Land befindet sich eine der ältesten/bekanntesten Wildfütterungen in den Bayerischen Alpen. Gefüttert wird nur im Hochwinter bei hoher Schneedecke. An der Wildfütterung finden sich dann bis 50 Stück Rotwild ein. **Zugang:** Vom Parkplatz Klausbachtal bei der Nationalparkinformationsstelle zu Fuß (½ Std.). Jeweils um 13/14/15 Uhr fahren Pferdeschlitten zur Wildfütterung, Rückfahrt nach einer halben Stunde; es kann auch nur die einzelne Strecke gebucht werden. Info und Reservierung bei der Nationalparkinformationsstelle Tel. 08657/14 31. Siehe auch Tour 3.

Maximilianshöhe

Oberhalb von Garmisch-Partenkirchen liegt die Maximilianshöhe am Kramerplateauweg. Die Wildfütterung (etwa 80–100 Stück Rotwild) befindet sich westlich der Gaststätte Almhütte und ist von dort in einer kurzen Wanderung zu erreichen. Die Fütterung erfolgt nur bei hoher Schneelage und wird etwa eine Stunde vor Beginn der Dämmerung durchgeführt (Eintrittsgebühr). Zugang: Parkplatz bei der Gaststätte Almhütte am Ortsrand von Garmisch. Siehe auch Tour 37.

Weitere Wildfütterungen gibt es auch im Söllbachtal, am Spitzingsee und in Vorderriß, in den Ammergauer Alpen im Graswangtal und am Bannwaldsee.

Eislaufen

Winterzeit ist Eislaufzeit – und am schönsten kann man diesem eleganten Sport in der freien Natur nachgehen. Die großen Seen sind nur in besonders strengen Winter zugefroren, aber rund um München und im bayerischen Oberland gibt es eine Vielzahl kleiner Seen, die bei geeigneten Temperaturen das Publikum anziehen.

TIPP

Naturseen, auch wenn sie für den Eislauf geräumt werden, sind aus Haftungsgründen in der Regel nicht offiziell freigegeben. Bitte stets prüfen, ob das Eis tragfähig ist. Man läuft also immer auf eigene Gefahr!

Hintersee

Bei einem stabilen Hoch und Temperaturen ab Minus 10 Grad gefriert der See zu und ist dann Spielwiese für Eisläufer, Eishockeyspieler und Winterbegeisterte jeden Alters. Und wem es zu kalt geworden ist, wärmt sich in einer der nahe gelegenen Gaststätten bei Tee und Glühwein auf (Wörndlhof, Zum Gamsbock oder nur wenige Meter vom See entfernt das historische Gasthaus Auzinger). Siehe auch die Touren 1 und 3.

Schliersee

Trotz seiner Größe gefriert der Schliersee im Winter bei entsprechenden Temperaturen zur Gänze zu. Das geschieht ab etwa Mitte bis Ende Dezember. Sollte der Wettergott nicht mitspielen, dann bleibt noch der Natureisplatz des Eishockeyclubs Schliersee am Freudenberg am Nordwestende des Sees, der auch für Nicht-Mitglieder geöffnet ist.

Spitzingsee

Der nahezu 1100 Meter hoch gelegene Spitzingsee ist ein Winteridyll par excellence und den ganzen Winter über zugefroren. Teilflächen werden für die Freunde des Eislaufs, für Eishockey und fürs Eisstockschießen geräumt. Siehe auch die Touren 20, 22 und 23.

Rießersee

Hier war der Ursprung des Eislaufs und des Eishockeys in Garmisch-Partenkirchen. Vor der Kulisse des Wettersteingebirges ein schöner Platz für diesen Wintersport.

Pferdeschlittenfahrten

Eine Wintererlebnis besonderer Art, sind romantische Ausflüge mit Pferd und Kutsche oder Schlitten. In den meisten Tälern der bayerischen Voralpen bieten Bauern oder Fuhrunternehmer diese Dienste an. Und auch im Ebersberger Forst, am Starnberger See oder an den Osterseen sind die historischen Gefährte seit einiger Zeit unterwegs und steuern z. B. das Forsthaus Sauschütt oder das Kloster Andechs an. Im Alpenvorland und in den Bergen fahren sie meist auf festgelegten Routen (wie z. B. von Ramsau ins Klausbachtal, zwischen dem Olympiastadion in Garmisch-Partenkirchen und dem Eingang zur Partnachklamm), zum Teil können aber auch eigene Routen zusammengestellt werden. Beliebte Strecken sind z. B. die geräumten Winterwege rund um Schleching und Unterwössen, der Weg von Kreuth in die Langenau und das Weißachtal, die Strecke von Bad Wiessee durch das Söllbachtal zur Schwarzentennalm, Runden im Lenggrieser Tal, Fahrten von Mittenwald in die Leutasch, rund um Oberammergau, die klassischen Strecken von Graswang zum Schloss Linderhof oder in Hohenschwangau im Bereich des Königswinkels, von Hindelang zum Giebelhaus bzw. von Oberstdorf in die Seitentäler. Die Buchung erfolgt im Reisebüro vor

In der neu gebauten Max-Aicher-Arena in Inzell dürfen sich nicht nur Profis dem Eissport hingeben.

Ort, bei den Tourismusbüros oder direkt bei den Unternehmern.

EXTRATIPP

Historische Goaßlschlitten, Kutschen und Pferdewägen kann man im Kutschen-, Wagen- und Schlittenmuseum in Rottach-Egern (Gsotthaberhof, Feldstraße 16, Tel. 08022/70 44 38) bewundern. Öffnungszeiten im Winter: 15.12.–28.02. Dienstag bis Sonntag von 14–17 Uhr

TOURENÜBERSICHTEN

Um Ihnen die Auswahl bei der Tourenplanung zu erleichtern, haben wir uns um eine kleine Charakterisierung der Wanderungen bemüht. Je nach Kondition, Bergerfahrung, der zur Verfügung stehenden Zeit, den gegebenen Umständen oder einer erforderlichen Rücksicht auf Wanderbegleiter sind die Ansprüche selbst an eine vermeintlich leichte Winterwanderung sehr unterschiedlich. Auch wenn die meisten der hier vorgestellten Wanderungen den Genusswanderer ansprechen, bei einigen Touren sind schon mal Trittsicherheit und Schwindelfreiheit – auch wenn es sich nur um einige Passagen auf der Wanderung handeln mag – gefragt. Hier wollen wir Ihnen ein wenig Orientierungshilfe geben.

Wanderungen mit wenig Höhenmetern

Die Touren 1, 2, 4, 6, 7, 8, 10, 11, 15, 20, 22, 30, 33, 37, 41, 42, 43, 44.

Wanderungen nach Schwierigkeit

Leichte Touren: Wirtschaftswege und leichte, breite Bergwanderwege (die Touren können jedoch lang sein).

TOUR 1: Von Ramsau zum Hintersee
TOUR 2: Auf dem Soleleitungsweg
TOUR 4: Ein herrlicher Höhenweg über Berchtesgaden
TOUR 6: Rund um den Falkenstein
TOUR 8: Seenrunde in Klein-Kanada
TOUR 10: Der Premium-Winterwanderweg Kaiserblick
TOUR 11: Von Oberwössen zur Feldlahnalm
TOUR 15: Einkehralmen rund um den Gammernwald
TOUR 19: Mariandlalm (ohne Trainsjoch)
TOUR 20: Vom Spitzingsee zum Blecksteinhaus
TOUR 22: Zur Oberen Firstalm

TOUR 28: Durchs Schwarzenbachtal zur Buchsteinhütte
TOUR 30: Zur Stie-Alm auf dem Brauneck
TOUR 31: Blomberg und Zwiesel
TOUR 33: Durch die Mittenwalder Buckelwiesen
TOUR 37: St. Martin am Grasberg und Kramerplateauweg
TOUR 41: Von Immenstadt zur Alpe Gschwenderberg
TOUR 42: Von Reichenbach zur Gaisalpe
TOUR 44: Von Oberstdorf nach Gerstruben

Mittelschwere Touren: An- bzw. Abstiege auf zum Teil schmalen, aber ungefährlichen Bergwanderwegen, zum Teil auf Fußspuren.

TOUR 5: Auf die Kneifelspitze
TOUR 7: Die Frillenseerunde
TOUR 9: Von der Winklmoosalm ins Heutal
TOUR 16: Zwei Berggasthäuser über dem Inntal
TOUR 18: Kesselalm und Breitenstein
TOUR 21: Von der Hennerer Au zum Bodenschneidhaus
TOUR 23: Vom Spitzingsee zum Rotwandhaus

TOUR 24: Von Tegernsee auf die Neureuth
TOUR 25: Riederstein und Baumgartenschneid
TOUR 26: Von Bad Wiessee zur Aueralm
TOUR 34: Durch die Partnachklamm zum Eckbauer
TOUR 35: Lautersee, Ferchensee und Ederkanzel
TOUR 36: St. Anton – Tannenhütte - Gschwandtnerbauer
TOUR 38: Von Bad Kohlgrub aufs Hörnle
TOUR 39: Das August-Schuster-Haus am Pürschling
TOUR 43: Durch die Breitachklamm

Anspruchsvollere Touren: Alle anderen Wanderungen setzen Wander- und Bergerfahrung voraus, sind aber nicht im eigentlichen Sinne schwierig.

Ideal für die Anfahrt mit Bahn & Bus

Touren, bei denen Sie direkt vom Bahnhof losmarschieren können:

TOUR 4: Ein herrlicher Höhenweg über Berchtesgaden

TOUR 16: Zwei Berggasthäuser über dem Inntal

TOUR 21: Von der Hennerer Au zum Bodenschneidhaus

TOUR 24: Von Tegernsee auf die Neureuth

TOUR 29: Von Lenggries zur Lenggrieser Hütte

TOUR 30: Zur Stie-Alm auf dem Brauneck

TOUR 35: Lautersee, Ferchensee und Ederkanzel

TOUR 36: St. Anton – Tannenhütte - Gschwandtnerbauer

TOUR 38: Von Bad Kohlgrub auf das Hörnle

TOUR 39: Das August-Schuster-Haus am Pürschling

TOUR 44: Von Oberstdorf nach Gerstruben

Wanderungen mit Gipfeleinlage

Leichte Anstiege: Gipfelanstiege, die auf breitem oder schmalem Weg verlaufen, die aber auch für Nicht-Schwindelfreie geeignet sind:

TOUR 5: Auf die Kneifelspitze

TOUR 18: Kesselalm und Breitenstein

TOUR 24: Von Tegernsee auf die Neureuth

TOUR 30: Zur Stie-Alm auf dem Brauneck

TOUR 31: Blomberg und Zwiesel

TOUR 38: Von Bad Kohlgrub auf das Hörnle

TOUR 39: Das August-Schuster-Haus am Pürschling

Mittelschwere Anstiege: Gipfelanstiege, die Trittsicherheit voraussetzen und den schon etwas geübten Bergwanderer erfordern:

TOUR 12: Von Marquartstein zum Hochgernhaus

TOUR 13: Aus dem Priental zum Spitzsteinhaus

TOUR 14: Von Sachrang auf den Geigelstein

TOUR 15: Einkehralmen rund um den Gammernwald

TOUR 16: Zwei Berggasthäuser über dem Inntal

TOUR 17: Aus der Rechenau zum Brünnsteinhaus

TOUR 19: Mariandlalm und Trainsjoch

TOUR 21: Von der Hennerer Au zum Bodenschneidhaus

TOUR 23: Vom Spitzingsee zum Rotwandhaus

TOUR 25: Riederstein und Baumgartenschneid

TOUR 26: Von Bad Wiessee zur Aueralm

TOUR 27: Von Scharling auf den Hirschberg

TOUR 29: Von Lenggries zur Lenggrieser Hütte

TOUR 32: Von der Kesselberghöhe zum Herzogstand

TOUR 41: Von Immenstadt zur Alpe Gschwenderberg

Wanderungen mit Kindern

Hier finden Sie Touren, die sich besonders gut für Familien mit kleineren Kindern eignen, sei es weil die Wege abwechslungsreich sind, sei es, weil sie ungefährlich sind oder der Anstieg kurz ist:

TOUR 1: Von Ramsau zum Hintersee

TOUR 2: Auf dem Soleleitungsweg

TOUR 5: Auf die Kneifelspitze

TOUR 7: Die Frillenseerunde

TOUR 11: Von Oberwössen zur Feldlahn-Alm

TOUR 15: Einkehralmen rund um den Gammernwald

TOUR 16: Zwei Berggasthäuser über dem Inntal

TOUR 20: Vom Spitzingsee zum Blecksteinhaus

TOUR 22: Zur Oberen Firstalm

TOUR 31: Blomberg und Zwiesel

TOUR 33: Durch die Mittenwalder Buckelwiesen

TOUR 37: St. Martin am Grasberg und Kramerplateauweg

TOUR 38: Von Bad Kohlgrub auf das Hörnle

TOUR 42: Von Reichenbach zur Gaisalpe

TOUR 44: Von Oberstdorf nach Gerstruben

REGISTER

IMPRESSUM

ISBN 978-3-8094-4290-5

1. Auflage
© 2020 by Bassermann Verlag, einem Unternehmen der
Verlagsgruppe Random House GmbH, Neumarkter Straße 28, 81673 München

Bildnachweis: S. 13: Alpenwelt Karwendel/Rudolf Pohmann; S. 98: Alpenwelt Karwendel/Christoph Schober; S. 11, 102: Alpenwelt Karwendel/Wera Tuma; S. 56: Familie Astl; S. 104: Martin Bader; S. 18, 26: Martin Bauregger; S. 4, 16, 20: Berchtesgadener Land Tourismus; S. 10, 114/115, 126: bilderstadl.de; S. 7: Christel Blankenstein; S. 5, 28/29, 40: Chiemgau Tourismus e. V.; S. 8, 50: Chiemsee-Alpenland Tourismus; S. 88: Anna Fichtner; S. 96/97: GaPa Tourismus/Christian Stadler; S. 108: GaPa Tourismus/Camilla Teichmann; S. 72, 130: Stefan Herbke; S. 30, 32, 133: Inzell im Chiemgau (www.inzell.de); S. 82: Herbert Konnerth; S. 2: Oberbayern.de/Foto/Peter v. Felbert; S. 6: Eckehard Radehose; S. 14/15, 22, 23u., 44, 45, 46, 47, 86 (2), 92, 93, 94, 95, 100, 101, 106/107, 112, 116 (2), 118, 120, 122, 123, 124, 125 (2): Stefan Rosenboom; S. 78, 79: Willi Schöftenhuber; S. 14/15, 23o., 84/85: Andreas Strauß; S. 56: Yvonne Tremml; alle übrigen vom Autor.

S. 14/15: Blick über das verschneite Berchtesgaden auf den Watzmann
S. 28/29: Grandiose Winterstimmung auf der Hemmersuppenalm
S. 54/55: Das Hochtal um das Bodenschneidhaus gilt als „Schneeloch".
S. 84/85: Blick vom Herzogstand über den Walchensee und die verschneiten Gipfel des Isarwinkels hinweg auf die Karwendelberge
S. 96/97: Blick von der neu erbauten Tannenhütte am Wank auf das Talbecken von Garmisch-Partenkirchen
S. 106/107: Tief verschneite, bewaldete Berghänge im neuen Naturpark Ammergauer Alpen
S. 114/115: Einsam gelegener Bergbauernhof über dem Trettachtal

Projektleitung: Dr. Iris Hahner
Umschlaggestaltung: Atelier Versen, Bad Aibling
Kartographie: Heike Boschmann, München
Satz: Nadine Thiel
Herstellung: Elke Cramer

Verlagsgruppe Random House FSC® N001967

Druck und Bindung: Mohn Media Mohndruck GmbH; Gütersloh

Printed in Germany

Ganz entspannt wandern

160 Seiten, zahlreiche Farbfotos und Karten
ISBN 978-3-8094-4186-1

Auf diesen 50 Touren lässt man Sportwanderer ganz lässig mit der Seilbahn hinter sich. Noch mittags können Sie zu einer Kurzwanderung aufbrechen oder einfach auf einer der schönen bayerischen Hütten und Almen die Sonne genießen. Ideal für Familien mit Kindern, Senioren und Spätaufsteher.

144 Seiten, zahlreiche Farbfotos und Karten
ISBN 978-3-8094-3832-8

Der perfekte Wanderführer für Senioren: Keine langen Touren, keine steilen Anstiege, breite und sichere Wege. Die 44 Wanderungen (zwischen einer und drei Stunden Gehzeit) führen zu gemütlichen Almen, idyllischen Bergseen und großartigen Aussichtpunkten. Alle Touren sind auch für Rollstuhlfahrer und Benutzer von Rollatoren geeignet.

Bassermann
www.bassermann-verlag.de

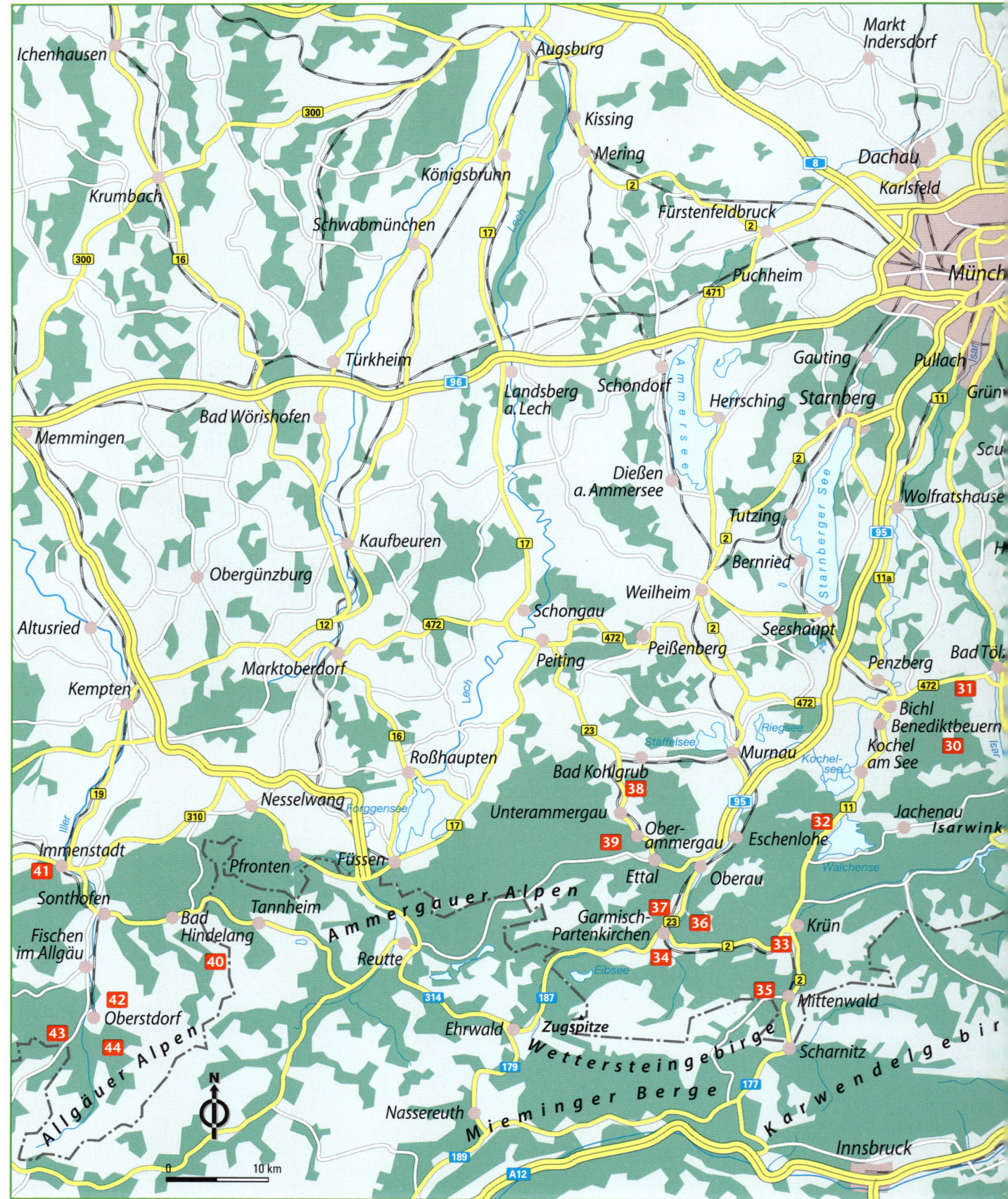

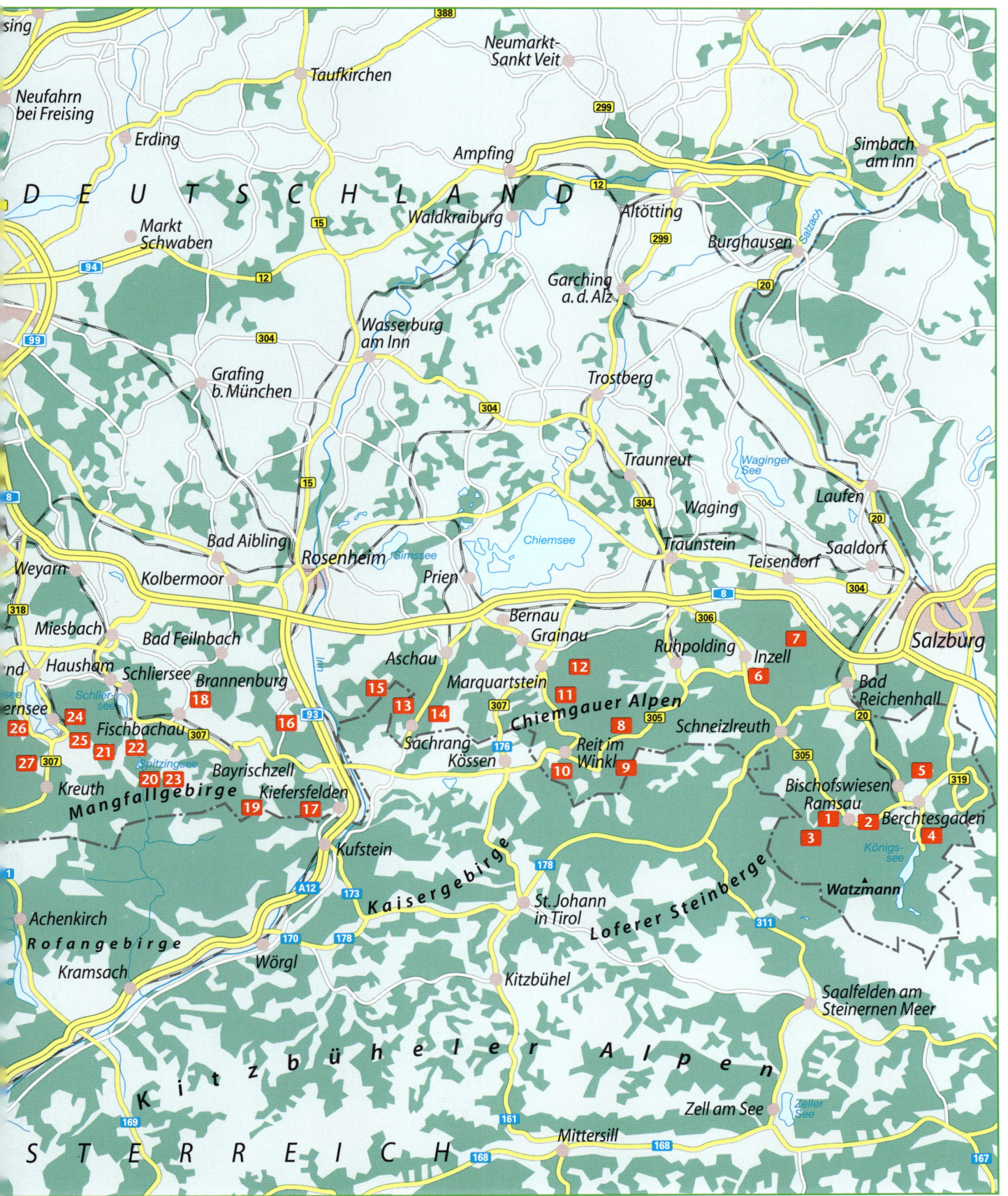

Wanderung durch die Buckelwiesen mit Blick
auf das Karwendelgebirge (Tour 33)